프리랜서
× 기술사의
창조
인생

프리랜서
기술사의 ×
창조
인생

발행일   2023년 4월 20일

지은이   박춘성
펴낸이   손형국
펴낸곳   (주)북랩
편집인   선일영   편집   정두철, 배진용, 윤용민, 김부경, 김다빈
디자인   이현수, 김민하, 김영주, 안유경   제작   박기성, 황동현, 구성우, 배상진
마케팅   김회란, 박진관
출판등록   2004. 12. 1(제2012-000051호)
주소   서울특별시 금천구 가산디지털 1로 168, 우림라이온스밸리 B동 B113~114호, C동 B101호
홈페이지   www.book.co.kr
전화번호   (02)2026-5777   팩스   (02)3159-9637

ISBN   979-11-6836-836-1 03190 (종이책)   979-11-6836-837-8 05190 (전자책)

(주)북랩 성공출판의 파트너

북랩 홈페이지와 패밀리 사이트에서 다양한 출판 솔루션을 만나 보세요!

홈페이지 book.co.kr   •   **블로그** blog.naver.com/essaybook   •   **출판문의** book@book.co.kr

작가 연락처 문의 ▸ ask.book.co.kr

작가 연락처는 개인정보이므로 북랩에서 알려드릴 수 없습니다.

강화에서
제주까지,
행복한
디지털 노마드

프리랜서 기술사_의 창조 인생

박춘성 지음

북랩

프롤로그

아마도 이 책이 저의 마지막 저서가 되지 않을까 싶습니다.

저는 현재(2022년 12월 기준) 월 평균 5,000만 원 정도 소득을 벌고 있습니다. 연 소득으로 환산하자면 6억 원을 초과하는 연봉입니다. 제가 벌어들이는 소득 대비, 책을 집필하여 얻는 소득은 너무나도 미미합니다.

그런데 책 한 권 집필하려면 저의 소중한 시간을 반년 정도는 갈아 넣어야 하기에, 책을 집필한다는 것은 제가 하는 여러 가지 소득 활동 중에서 가장 가성비 불량한 항목이라 하겠습니다.

그러나 지난번 저술한 책에서 1년 후 다섯 번째 책을 출간하겠다고 저 스스로 공언을 했고, 그때부터 집필할 소재를 차곡차곡 준비해왔었기에, 이왕 시작한 이번 책까지는 마무리 짓겠지만, 이번 책이 완성되면 아마도 더는 책 집필을 하지 않을 것이라 사료됩니다.

그러니 이 책이 저의 마지막 책이라 생각하는 만큼, 프리랜서 기술사로 지내고 있는 현재 저의 상황과 생각을 있는 그대로 가감 없이 공유하려고 합니다.

　파이어족이라는 용어조차 아직 국내에서는 생소했던 2017년, 저는 남에게 지배받지 않는 프리랜서 기술사의 삶을 추구하며 멀쩡히 잘 다니고 있던 쌍쌍한 대기업 건설회사(현대건설 주식회사, 이하 현대건설로 약칭)를 만 37세 나이로 조기 은퇴했습니다.

　퇴사 후 매년 한 권의 책을 집필하고자 목표를 세웠는데 어느덧 벌써 다섯 번째 책을 집필하게 되었네요. 앞서 집필한 4권의 책은 각각 그 소재가 다르지만, 마지막인 이 다섯 번째 책은 앞의 4권의 책 모두와 소재가 연계되는 만능 후속작이자 최종 결말이라 할 수 있겠습니다.

　앞서 출간한 책들에서는 제가 현대건설을 퇴사하기 전까지 실업계 공고 토목과를 졸업 후 고졸 계약직에서 시작해서, 병사로 군 복무하던 중 직업군인으로 전향해 공병 기술 부사관으로 전역한 후, 건설회사에서 또다시 말단 현장 채용 계약직(이하 현채직으로 약칭)으로 시작해 정규직 과장으로서 현장대리인이 되기까지의 직장 생활과,

　퇴사 직후부터 프리랜서 3년 차 시기까지 연봉 2억 원 수준의 프리랜서 기술사로서의 보고 느끼고 배운 경험을 주 소재로 다루었다면, 이번 책은 프리랜서 4년 차 시기부터 7년 차인 현재에 이르기까지, 파이어족이자 디지털 노마드digital nomade로서 연봉 6억 원 수준의 프리랜서 기술사의 삶을 살고 있는 저의 모습을

가감없이 서술해 봤습니다.

또한, 책의 소재를 이전에 저술한 책들처럼 하나의 특정한 분야에만 한정하지 않고, 7년 차 프리랜서 기술사로서 보고 느끼고 생각한 이런저런 저만의 독특한 이야기들을 중구난방으로 풀어써 봤습니다.

프리랜서 활동에 대한 생각은 물론, 은퇴에 대한 생각, 사업에 대한 생각, 투자에 대한 생각, 건강에 대한 생각 등 여러 가지 생각들이 혼합되어 있는데, 이런 잡다한 저만의 독특한 세계관을 이 책에 담아봤습니다.

시중에 출간된 다른 파이어족 관련 책들을 보면, 조기 은퇴를 하기 위해 어떤 과정을 거쳤는지? 돈을 어떻게 아꼈는지? 어떤 투자를 했는지? 등의 준비 과정에 대한 내용들이 대부분인데, 이 책은 멀쩡한 직장을 파이어(퇴직)한 그 이후의 삶에 초점을 맞춰 구체적으로 다루어 봤습니다.

일단 이 책의 기본 전제는, 일하지 않아도 생계유지에 지장이 없는 여유 있는 사람이라 해도 아무것도 안 하고 누워서 숨만 쉬고 지내는 사람은 없다는 것입니다.

제가 아는 한 다들 뭐라도 하고 있습니다. 유튜브를 운영하든, 책을 쓰든, 전업 투자를 하든, 시골에 귀농해서 농사를 짓든, 정말 다들 이런저런 일을 하고 있고 저 역시도 저만의 특화된 건설 분야 경력과 전문지식을 활용해 디지털 노마드로서 비대면 위주의 사업을 하면서 지내고 있답니다.

이런 저의 프리랜서 기술사이자 디지털 노마드 및 파이어족으로서의 삶을 독자분께 가감 없이 있는 그대로 들려드리고자 합니다.

이 책의 1장 '강화도에서'는 제가 연 소득 2~3억 원 수준의 프리랜서였을 때, 프리랜서 교수직을 주업으로 했었기에 평일에는 수도권 지역에서 강의, 심의, 자문 등의 대면 소득 활동을 하되, 주말에는 경치 좋은 강화도 시골에서 농막을 지어다 놓고 5도 2촌(매주 5일은 도시에서 2일은 시골에서) 생활을 즐기던 경험을 정리해봤습니다.

2장 '제주도까지'는 제가 프리랜서 교수직에서 비대면 활동 위주 사업으로 주 업종을 전환하면서 연 소득이 6억 원으로 퀀텀 점프quantum jump하게 된 경위와, 강의 등 모든 대면 업무를 중단하고 제주도의 한적한 해안가 전원주택에서 4도 3촌하고 있는 현재의 일상을 정리했습니다.

많은 영화나 소설을 보면, 주인공이 원하는 인생 목표를 모두 성취한 이후에는 한적한 시골에서 자연과 함께 호흡하며 여유 있는 노후를 즐기는 결말들이 많습니다.

심지어 마블MARVEL 캐릭터를 소재로 한 영화 '어벤져스3'에서도 최강의 빌런 '타노스'가 핑거 스냅으로 전 인류의 절반을 소멸시킨 후, 정작 본인은 경치 좋은 행성에서 농사지으며 석양을 감상하는 모습으로 결말이 끝나지요.

이렇듯 경치 좋은 곳에서 유유자적하는 것만으로도 프리랜서

이자 파이어족으로서의 소소한 행복을 느낄 수 있을 것입니다.

아무쪼록 저의 소소한 이런저런 경험들이 프리랜서와 파이어 족을 꿈꾸는 다른 분들에게 이정표와 같은 역할을 하기를 소망하며 이 책을 시작하겠습니다.

책 집필을 처음 시작한 2022년 3월,

강화도 농장에서…

작가 박춘성 드림

✦ 일러두기

- 이 책은 순전히 작가 본인의 개인적인 경험을 바탕으로, 지극히 주관적인 시각과 의견으로 저술하였습니다.

- 주요 독자층을 저와 같이 프리랜서로서 조기은퇴(F.I.R.E)를 추구하는 전문직분들로 설정하였기에, 기초적인 경제 및 기술분야 상식이 있으실 것이라 추정하여, 각 용어에 대한 자세한 설명은 넣지 않았습니다.

- 본문 중 지명 및 상호 등 민감한 부분은 가명을 사용했으며, 첨부 사진 중 사전 동의를 구하지 못한 분들은 일부 가림 조치했음을 양해 부탁드립니다.

- 본문 중 법령 내용은 그 당시 법령을 기준으로 작성한 것이므로, 독자분이 읽는 시기와는 일부 법령이 개정되어 다를 수 있음을 참고하시기 바랍니다.

프롤로그   5

1장
강화도에서

1절 농지 매입, 주말농장의 시작   15

  프리랜서? 파이어족?   16

  물가상승, 내 자산을 지켜야 했다   20

  농지는 300평(1,000㎡) 이상이 좋다   27

  405평 농지 매수, 임시 지휘소 설치   35

  전원주택 건축하려다 다시 농막으로   39

  생애 두 번째 농막 완성   47

2절 국가로부터 농민으로 인정받기   55

  힐링 공간 주말농장의 시작   56

  농업인의 공식 인증서: 농지원부, 농업경영체 등록   61

  조직에 몸 담다, 농협 조합원   65

  고구마 농사일기   70

3절 기술사사무소 법인 설립   75

  본진이 털리면 안 된다   76

  연봉 상승   81

농막 200% 활용기(법인 설립)   85

디지털 노마드 삶의 시작   92

대면 업무 전면 중단   98

2장
제주도까지

4절 강화에서 제주까지   105

강화도를 선택했던 이유   106

제주도 임장 여행   112

제주 법인 사옥, 밀당 끝에 계약 체결   129

계약하러 제주 간 김에, 국토부 강의   133

No. 2와 3을 먼저…   140

강화에서 제주로   146

5절 제주도 정착기   155

집수리   156

한라산이 동네 뒷동산   162

구내식당, "카페테리아 춘대래"   167

잔금, 법인 사옥 소유권 이전   172

6절 제주살이, 매주 4도 3촌   177

흔한 대중교통   178

비행기 타고 출퇴근하며 느낀 단상   182

매주 10권 독서   187

선택과 집중   193

연봉 6억 프리랜서   196

모임과 행사 참여에 대한 생각   198

독서로 되찾은 생활 건강   202

제주에서 30kg 감량 성공, 올레길 풍경은 덤   208

에필로그   216

1장

강화도에서

강화도 농장에서의 시간들

프리랜서 기술사의 창조 인생

농지 매입,
주말농장의 시작

프리랜서?
파이어족?

저는 현재 정규 4년제 대학교에 소속된 교수이자 법인회사를 운영하는 대표이사 직함을 같이 가지고 있지만, 실상 대면 업무는 대부분 사양하고 유유자적하게 제주도를 매주 3~4일씩 오가면서 지내고 있는 만 42세의 7년 차 프리랜서 기술사입니다.

어떤 이들은 저와 같은 유형을 '파이어족'으로 부르기도 하지요. 참고로 제가 아는 범위 내 아무리 파이어족이라 하더라도 정말 아무것 안 하고 가만히 누워서 숨만 쉬고 사는, 그런 사람은 단 한 명도 보지 못했습니다.

다들 농사를 짓거나, 전업 투자를 하거나, 책을 쓰거나, 강연을 다니거나, 유튜브와 블로그를 운영하는 등의 일정한 현금흐름을 만들기 위해 부수적으로 꾸준히 소득 활동을 하고 있습니다.

그러니 제가 대학교수이자 법인회사 대표이사라는 직함을 가지고 있다고 해서 파이어족이 아니라는 의견은 적절하지 않겠습니다.

제가 생각하는 파이어족의 정의는 무조건 아무 일도 안 하고 가만히 누워만 있는 사람이 아니라, 규정된 시간과 장소에 상주하며 다른 누군가에게 지시받은 일을 해야만 하는 수동적 삶을 벗어나, 자신이 원하는 시간과 장소에서 순전히 자신의 의지로 자신이 원하는 일만 할 수 있는 삶이라 생각합니다.

그런 관점에서 보자면 파이어족이든 프리랜서든 둘 다 이 조건이 충족되어야 실현할 수 있는 것이므로 유사한 개념이라 하겠습니다.

저는 만 35살까지는 굴지의 대기업에서 최말단 현채직으로 시작해 정규직 현장대리인(각 공사 현장의 법적 책임자)이 되기까지 회사에 얽매인 수동적인 삶을 살면서 다달이 주어지는 월급에만 의존해 100% 근로소득으로만 끼니를 연명하던 노동자였습니다.

그러던 중 웃기게도 그 자그마한 건설 현장 내부 조직에서 다른 부서장과의 사내 정치에서 패배하여 한직으로 좌천되는 사건을 겪으면서 당장이라도 회사를 때려치우고 싶은 심정에, 마음을 다스리고자 수많은 책을 읽기 시작했고 이때 시작된 독서량이 바탕이 되어 몸으로 일해야만 돈을 벌 수 있는 근로소득 외에, 돈이 돈을 벌어온다는 자본소득에 대한 지식에 눈을 떠 지금은 투자도 병행하고 있는 소소한 투자자이기도 합니다. *(좌천 사건에 대한 자세한 내용은 저자의 책 『새벽 4시, 꿈이 현실이 되는 시간』을 참조 바랍니다.)*

좌천 사건을 겪은 2016년 연말부터 시작해 지금까지도 열심히 근로소득을 발생시켜 차곡차곡 돈을 모아서 부동산 위주로 투자하여 자산을 늘려가고 있는데, 이른바 근로소득을 자본소득으로 변환하여 재산을 축적하는 중입니다.

주식도 조금 하고 있지만 주식은 워낙 변동성이 심하여 안정성을 우선시하는 저의 성향과는 잘 맞지 않아, 매월 순수 잉여소득의 약 10% 정도를 우량주 위주로 묻어두는 식으로만 투자하고 있습니다.

현재까지의 저의 주 투자종목은 부동산입니다. 그중에서도 수익형 보다는 자산가치 상승에 따른 시세 차익형 투자를 더 선호합니다.

저는 프리랜서 기술사로서 원하는 시간과 장소에서 저의 의지에 따라 월 5~6,000만 원의 꽤 여유 있는 현금 소득을 가져올 수 있기에, 구태여 아직은 수익형 투자를 할 필요성을 못 느끼기 때문입니다.

파이어족과 관련된 여러 책에서는 일반적으로 1년 치 생활비의 25배 정도 자산이 있으면 그 돈을 검소하게 아끼고 살면서 투자 운용하면 더 이상의 근로소득 없이도 충분히 생계유지를 할 수 있다던데, 그 공식을 적용해 보자면 저는 현재 거주하는 42평 자택 아파트를 제외하고도 저희 부부 1년 생활비의 25배 이상의 자산은 충분히 확보하고 있습니다.

하지만 저는 단순히 보유자산만을 운용해 검소하게 살면서 근근이 생계유지만 하는 일반적인 파이어족과는 달리, 건설 분야 전문 기술사로서 많은 현금흐름을 만들고 있어, 스스로 프리랜서 기술사라고 호칭한답니다.

저의 자산 축적 과정과 주 소득 유형에 대해서는 이전에 출간한 책들을 읽어 보시면 자세히 알 수 있으니, 이번 책에서는 더는 구체적으로 서술하지는 않겠습니다. 어쨌든 이러한 저의 월 5~6,000만 원의 현금 흐름의 특수성을 먼저 밑바탕에 두고 앞으로의 글을 읽어주시면 좋겠습니다.

물가상승,
내 자산을 지켜야 했다

저는 2016년부터 주로 주거용 부동산, 즉 아파트를 위주로 투자했습니다. 전세 상승기에 오래된 구축 아파트를 전세 끼고 매수하는 갭투자는 물론, 불황기에 미분양된 신축 분양권을 선착순 동호수 지정하는 방식으로 소위 '줍줍' 투자를 통해 많은 시세차익을 만들어 냈습니다.

이런 경험을 통해서 회사에서 받는 월급 즉, 근로소득만으로는 절대 달성할 수 없는 수준의 자산을 형성하게 되었습니다. 그 와중에 당시 집권하던 정부 여당에서는 저와 같은 다주택자를 마치 범죄자 취급하면서 2019년 하반기부터는 온갖 징벌적 중과세 정책들을 펼치기 시작했습니다.

소비자들이 어떤 제품(주택)을 많이 찾으면 자유 시장경제 체제에 기반하여 생산자(건설사)들이 자체적으로 판단해 제품(주택) 공급량을 늘리는 게 맞는 것이지, 생산자에게는 제품 신규 생산을 규제한 채 그 제품을 많이 소유하고 있다는 이유로 소비자에게 징벌적 과세를 가하는 것이 시장경제를 추구하는 자유민주주

　　　　　　　　프리랜서 기술사의 창조 인생

의 국가에서 취할 합리적인 정책인지 참으로 의아했습니다.

어쨌든 일개 국민이 정부의 과세 정책을 어길 수는 없는 노릇이기에 그때부터는 더는 아파트와 같은 주거용 부동산에 대한 투자는 관심을 접었습니다.

하지만 다달이 수천만 원씩 벌어들이는 저의 근로소득을 현금 상태로 손에 쥔 채 가만히 쌓아만 놓고 있을 수는 없었습니다.

당시에는 코로나19 발생 이전이었는데 그때에도 정부 주도로 각종 무상복지를 늘리면서 시중에 통화량이 증가하여 물가가 마구 오르고 있었지요.

게다가 2020년부터 들이닥친 코로나19는 전 세계적 팬데믹으로 확산하였고, 침체한 경제를 살리기 위해 전 세계가 경쟁적으로 금리 인하 정책과 각종 지원금 지급 등 엄청난 경제 부양 정책을 펼쳤기에, 통화량이 급증하여 완전히 불난 집에 부채질하듯이 모든 물가가 가파르게 상승하고 있었습니다.

이런 급격한 물가상승 시기에 많은 자산을 현금으로만 쌓아두고 있는 것은 물가가 상승하는 비율만큼 가지고 있던 현금을 스스로 찢어서 없애버리는 것과 같은 것은 우매한 행동이지요.

은행에 현금 넣어두었을 때 받는 예금이자보다 체감되는 물가 상승률이 더 높은 상황이었으니까요. 저는 당시 현대건설을 퇴사 후 프리랜서 기술사로서 강의, 자문, 심의 등의 대면 활동을 통해 벌어들인 피같이 소중한 제 돈이 이렇게 허무하게 손실되는 것을 보고 있을 수는 없었습니다.

2019년 즈음에 제가 벌던 근로소득이 연평균 2억 원 정도였는데, 물가가 계속 오르고 있는데 이 돈을 그냥 현금으로만 들고 있을 수는 없었습니다.

이러한 심각한 인플레이션 속에서도 어떻게든 저의 자산을 지켜내야 했습니다. 그래서 현물 투자를 계속했고 아파트 대신 관심 가지게 된 투자처가 농지였습니다.

지금이야 아파트와 농지 외에도 임야, 상가, 전원주택, 주식, 미술품 등 더 다양한 종목에 분산 투자하고 있지만, 당시에는 최우선으로 농지에 관심을 가지고 투자를 알아보기 시작했습니다. 땅은 더 이상 늘릴 수 없다는 부증성의 진리를 믿은 것이지요.

또한, 딱 그 시기에 코로나19 팬데믹으로 우리나라가 멈춰버렸습니다. 아니 전 세계가 멈춰버렸습니다. 다들 기억하시겠지만 학생들은 전면 비대면 수업으로 전환되었고, 직장인들도 교대로 절반은 회사 출근하지 않는 등의 비대면 방식으로 업무가 전환되었습니다.

저 또한 비록 당시 프리랜서 기술사로서 대학교 등 교육기관 강의와 건설공사의 설계심의, 기술 자문, 안전 점검 등의 대면 활동을 주 업무로 월평균 약 1,700만 원 정도의 현금 흐름을 벌어들이고 있었는데 코로나19로 인해 2020년 3월 1일부로 모든 대면 업무가 전면 중단된 것이지요.

하지만 다행스럽게도 저는 30대에 갖은 고생 끝에 취득해놓은 공학박사 학위와 4개 종목의 기술사 자격을 활용해 새로운 온라인 프리랜서 업무 분야를 개척하여 비대면으로도 현금흐름을 지속적으로 창출할 수 있었습니다.

온라인 강의와 비대면 자문 심의 등인데, 2~3개월 정도 과도기를 거쳐 2020년 5월부터는 다시 예전 수준의 소득이 회복되었고, 이 비대면 업무가 사업으로 더욱 확장되어 현재는 주객이 전도되어 대면 업무는 거의 안 하고 비대면 프리랜서 업무로만도 월평균 5~6,000만 원의 현금 흐름을 벌어들이고 있습니다.

이런 것을 경험하면서 확실시 '위기는 기회다'라는 것이 틀린 말이 아님을 깨우치게 되었습니다. 코로나19로 인해 오히려 전화위복 된 경우이지요.

이렇듯 일상생활이 대면 방식에서 비대면 방식으로 전환되어 버리니 교통 시간이 줄어들어 많은 시간 여유가 생기는 반면, 오히려 소득은 더욱 많이 늘어났습니다.

시간은 많아졌고 소득은 늘었는데, 코로나19 여파로 여행 등 관광업계가 죄다 문을 닫아버리니 주말에 어디 나들이 가지도 못하고, 그래서 더욱 우리 가족만의 프라이빗private한 공간을 갖고자 시골의 농지 땅 투자를 집중해서 알아보게 된 것이지요.

이러한 연유로 2020년 5월에 강화도에 있는 약 130평 규모의 작은 농지를 주말 영농체험 겸 투자 목적으로 처음 매수하였고, 코로나19에 대한 도피처로서 농지에 컨테이너 한 동 가져다 놓고 주말마다 놀러 가 가족들과 즐겁고 행복한 시간을 보냈습니다.

당시 그 농지 구입 및 농막 제작 설치에 대한 경험들은 앞서 집필했던 『5도 2촌, 농막 세컨드하우스 활용기』라는 책을 통해 자세히 설명해 드렸으니 필요하시면 참조 바랍니다.

그 첫 번째 농지에서 2020년 한 해 가족들과 즐겁고 행복한 추억을 많이 남겼으며, 그때의 좋았던 기억을 바탕으로 이번에는 더 규모가 큰 농지에 투자해서 제대로 고구마 농사 한번 지어보겠다는 목표를 가지게 되었습니다.

그래서 2020년 12월에는 같은 강화도 지역에 있는 405평 규모의 토양 좋은 농지를 추가 매수하였고 이 농지를 제대로 활용하기 위해서 많은 연구를 했습니다.

그 결과 2021년에는 성공적으로 대규모 고구마 농사를 지어 국가로부터 공식 농민으로 인정도 받았고, 농협 조합원으로도 가입해 지금까지도 조합원으로서 여러 가지 혜택을 누리고 있습니다.

또한 손수 농사지은 고구마를 판매한 소득은 물론, 고구마 캐기 체험장 운영 등 부수적인 사업소득도 벌어보는 등 농지를 이용해 할 수 있는 수익 활동을 최대한도로 활용해봤습니다.

그러나 이 모든 활동의 본질이 귀농이 아닌 투자이니만큼 처음 마련했던 130평의 농지는 1년도 안 되어 이전보다 좀 더 높은 가격에 매도해 실투자금 대비 무려 55%의 수익률을 남기고 처분했습니다.

이번 장에서는 그 두 번째로 투자한 405평 농지에서 지난 2년간 제가 경험하고 느꼈던 것들을 가감 없이 공유하도록 하겠습니다.

강화도 농장 위치

출처: 카카오맵

약 130평 규모의 기존 농지에서의 추억(2020년)

농지는 300평(1,000m²) 이상이 좋다

토지에는 여러 가지 종류의 지목이 있는데 2020년 12월 당시의 저는 신규 투자처로 농지를 찾고 있었습니다. 농지가 다른 지목에 비해 특별히 더 좋다는 뜻은 아닙니다. 토지를 크게 대지, 농지, 임야로 구분해본다면 투자 관점에서 아래와 같은 장단점이 있습니다.

지목	장점	단점
대지	활용 가치 높음	상대적으로 고가
농지	적절한 비용, 개발 가능성 높음	실제 자경 필요
임야	상대적으로 비용 저렴	개발 가능성 낮음

대지는 주로 도심지에 있어 가치가 가장 높고 활용성이 좋으나 그만큼 가격이 비싸고, 임야는 가격이 저렴해 개발을 통한 가치상승 여력은 가장 크나 개발행위가 쉽지 않은 단점이 있습니다.

농지는 이런 대지와 임야의 중간 정도 특성이 있어, 대지보다는 적당히 저렴하면서 임야보다는 적당히 개발행위가 쉽다는 특징이 있습니다.

게다가 직접 농사지어 공식 농민으로 인정받을 수만 있다면 향후 양도소득세 절세는 물론 농지연금으로도 활용할 수 있는 농지만의 확연한 특색이 있습니다.

당시 저의 투자 목적은 가족 주말농장 활용은 물론 노후를 대비해 농지연금 신청이 가능한 토지를 확보하는 것이었기에, 투자 목적에 맞게 자택(송도국제도시)에서 1시간 이내 갈 수 있는 거리 중에서 300평 이상의 저렴한 농지를 찾아다니고 있었습니다. 300평(1,000m²) 이상이어야만 농지원부 등록 및 농지연금 신청이 가능하기 때문이지요.

저의 집에서 약 1시간 내 갈 수 있는 시골 지역이 크게 강화도, 영종도, 대부도 등이 있었는데, 저는 그중에서 가장 시세가 저렴한 강화도를 선택했습니다.

영종도는 국제공항과 영종하늘도시가 건설되어 있어 마땅한 농지도 거의 없었지만, 그마저도 가격이 너무 비쌌으며 대부도 역시 서울과 경기 남부 도심과 인접해 있다 보니 결코 싼 가격은 아니었습니다.

자택(인천 송도) 인근
농지투자 대상 후보지

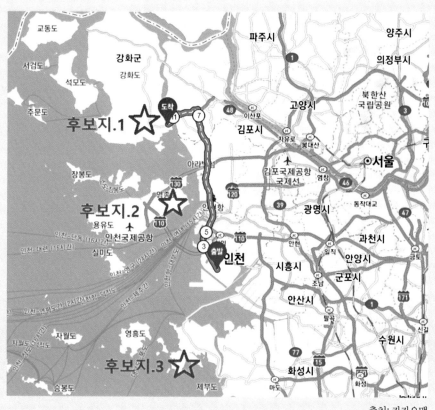

출처: 카카오맵

저는 당시 확보된 예산이 많지 않았습니다. 그 당시에는 한창 투자 활황기여서 수중에 3,000만 원 정도 모이면 그때그때 전세 끼고 아파트 한 채씩 사두고는 했는데, 어쩌다 보니 전세가가 폭등한 덕분에 올려받은 전세보증금을 모아보니 수중에 1억 원이 넘는 여유자금이 모였습니다.

그 1억 원에 토지 담보대출 50%를 받는다고 가정하면 약 2억 원 자금이 확보되는데, 이 돈으로 300평 이상을 매수하려면 평당 65만 원 이내에서 매물을 찾아야 했었습니다.

그렇게 강화도 내 여기저기 공인중개사 사무실에 매물의뢰를 넣어두고 매물추천 연락이 오면 시간 내서 현지답사 다니며 조건에 들어맞는 농지를 찾아다니고 있었습니다.

그러던 중 강화도 화도면(마니산 인근)에서 괜찮은 매물추천이 들어왔습니다. 후면의 지적도를 보면 〈매물.1〉이라고 써 놓은 것이 공인중개사가 추천해준 농지인데, 계획관리지역에 특별한 규제도 없는 성장관리권역으로 도로와 구거도 접하고 있어 장차 건축허가에도 문제없어 보였으며, 평당 가격도 처음에는 75만 원으로 매물이 나왔지만, 중개사가 70만 원까지는 깎을 수 있다 하여 딱 마음에 드는 매물이었습니다.

하지만 결정적으로 토지 면적이 285평으로서 농지연금 가능 기준인 300평에 조금 못 미치는 상황이었습니다. 저는 명확한 저만의 투자 기준이 확립되어 있었기에 아쉬움을 뒤로하고 중개사에게 다른 농지를 더 알아봐달라고 했습니다.

프리랜서 기술사의 창조 인생

강화도 내 농지투자 후보지

소재지	인천광역시 강화군 화도면 장화리 　　　 번지		
지목	전	면적	1,336 ㎡
개별공시지가 (㎡당)	130,500원 (2021/01)		
지역지구등 지정여부	「국토의 계획 및 이용에 관한 법률」에 따른 지역·지구등	계획관리지역	
	다른 법령 등에 따른 지역·지구등	가축사육제한구역<가축분뇨의 관리 및 이용에 관한 법률> 중점경관관리구역(2017-12-11)	
	「토지이용규제 기본법 시행령」 제9조제4항 각 호에 해당되는 사항	<추가기재> ※문화재보호법 제13조(역사문화환경보존지역의 보호), 매장문화재 보호 및 조사에 관한 법률 제4조(매장문화재 유존지역의 보호), 시문화재보호조례 제27조(건설공사시 문화재보호)에 의한 문화재 관련 인·허가 사항을 반드시 확인하시기 바랍니다.※재산권행사 등 중요한 사항은 (인터넷)열람이 아닌 증명용 토지이용계획 확인원을 발급 받아 확인하시기 바랍니다.	

확인도면　　　　　　　　　　　　　　　범례

범례
- 준보전산지
- 계획관리지역
- 생산관리지역
- 보전관리지역
- 농림지역
- 역사문화환경보존지역
- 성장관리권역
- 농업진흥구역
- 도로구역
- 법정동

축척1 / 1200

출처: 토지이용계획

　그런데 눈치 빠른 중개사가 그렇다면 그 옆에 땅(위 지적도에 '매물.2'라고 쓰여 있는 부분)은 어떠냐며 의향을 물어왔습니다. 앞서 답사했던 〈매물.1〉과 동일한 조건이었지만 면적이 약 405평으로서 제가 원하는 300평보다는 좀 많이 넓다는 것이 흠이었습니다.

　405평이면 평당 70만 원으로 깎아준다 해도 총 2억8,350만 원이 필요한데, 제 예산으로는 감당할 수 없는 금액이었습니다. 그래도 혹시나 못 먹는 감 찔러나 보자는 마음에 중개사에게 은행 대출 가능액을 탁상감정 의뢰해봤습니다.

그런데 전혀 예상치 못했었는데 대출 가능 감정금액이 높게 검토되었습니다. 토지 현황이 계획관리지역으로서 공시지가가 비교적 높아서 거래가의 약 60%에 해당하는 1억7,000만 원까지는 대출이 가능하다는 것이었습니다.

그렇다 하더라도 취득세 등 잡다한 부대비용까지 고려하면 결국 제 예산보다 2,000만 원 정도가 초과하였습니다. 그래서 이 토지는 그냥 접으려 하다가, 그래도 또 못 먹는 감 한 번 더 찔러나 보자는 심정으로 중개사에게 평당 65만 원으로 깎아준다면 바로 계약하겠으며 또한 중개수수료도 법정 수수료의 2배를 드리겠다고 제안해봤습니다.

전혀 기대하지 않고 내뱉어 본 말이었는데 마침 매도인이 급전이 필요했던지 며칠 고민 끝에 평당 65만 원에 넘기겠다고 답변이 왔습니다.

역시, 끝날 때까지 끝난 게 아니라는 옛말이 딱 들어맞는 것 같습니다. 아무것도 안 하면 아무 일도 일어나지 않습니다. 뭐라도 해봐야 단 1%라도 가능성이 생기는 법입니다.

그렇게 얼떨결에 405평의 농지를 시세보다 아주 저렴한 평당 65만 원에 매입 결정하게 되었습니다. 매입가가 총 2억6,300만 원이었는데, 이 중 1억7,000만 원 대출이 가능했으니 실제 제 돈이 들어간 것은 9,300만 원이었습니다. 여기에 취득세와 중개수수료 등 부대비용을 처리하니 딱 가용금액 1억 원으로 405평의 쓸 만한 농지를 매입할 수 있었습니다.

　공인중개사는 우선 가계약금 1,000만 원이라도 빨리 입금하라고 재촉하는데 돌다리도 두들겨보고 건너라고, 혹시 모를 권리상 하자가 있을지 몰라서 '은행 OPT를 집에 놔두고 와서 1시간 내로 입금하겠다'고 둘러대어 잠시 시간을 벌어놓고, 강화군청과 인근 건축사사무소에 급하게 문의하여 추후 건축허가에 문제없다는 것을 재차 확인했습니다.

　여기까지 알아보았으니 더 고민할 것 없이 바로 가계약금 1,000만 원을 우선 입금했고 마침 그날이 연말(2020년 12월 31일)이라, 본 계약은 신년 휴일을 보낸 후 2021년 1월 4일에 진행하기로 협의하였습니다.

　1월 4일 본계약 체결 전까지 얼마나 설레던지, 다음날인 1월 1일부터 매일 강화도에 넘어가 그 농지 주변을 서성거리며 앞으로 어떻게 이 농지를 활용할지 즐거운 상상에 빠져 보냈습니다.

2020년 연말, 강화도 농지 답사

신규 계약한 405평 농지에서 도보 10분 거리의 서해 바다에서…

프리랜서 기술사의 창조 인생

405평 농지 매수,
임시 지휘소 설치

신규 농지를 가계약 한 후 새해가 밝아 약속했던 계약서 작성일이 되었습니다. 저는 늘 새벽 4시에 일어나지만 그날따라 중요한 계약을 앞두고 있어 그런지 조금 더 일찍 일어나 해당 농지에 대한 토지이용계획, 토지대장, 등기사항전부증명서 등 관련 문서를 한 번 더 체크했습니다.

그리고 동트기 시작할 무렵 강화도로 향했습니다. 강화도는 서해 최북단 관광휴양지로서 공장 등 유해시설이 거의 없습니다만 김포 외곽에는 일부 공단이 형성되어 있기에 출퇴근 시간대에 다소 교통체증이 있어 아예 새벽 일찍 출발한 것이지요.

이렇게 이른 시간에 출발하면 송도국제도시에서 강화도 해당 농지까지 1시간이면 도착할 수 있습니다. 아침부터 신규 매입 농지 주변을 어슬렁거리다가 약속 시간에 맞춰 계약서 작성하러 공인중개사 사무실에 갔습니다.

공인중개사야 생업이 부동산 거래이고, 또 매도인도 알고 보니 부천 지역에서 활동하는 공인중개사라고 합니다. 거기에 저 또한 부동산 거래를 수십 번 해본, 나름 평범한 사람은 아닌지라 셋이서 전혀 거리낄 것 없이 일사천리로 매매계약서 작성이 진행되었습니다.

늘 그렇듯 매도인은 너무 싸게 팔아서 손해가 크다고 하소연해댑니다. 매도인들이 늘 하는 말이기는 하지만 확실히 이 농지는 주변 시세보다 최소 10만 원은 싸게 판 게 맞지요.

그래서 좋은 농지를 싸게 넘겨주셔서 감사하다고 다시 한 번 형식적인 인사 말씀드리고 자리를 떠났습니다.

이것저것 할 게 많지만 가장 먼저 다시 해당 농지로 가서 주말에 가족들이 놀러 오면 우선 찬바람을 피할 수 있도록 캠핑 타프를 먼저 설치했습니다.

저는 예비역 육군 상사입니다. 일반인들보다는 상대적으로 군 생활을 좀 길게 했는데, 그렇기에 혹한기 훈련에도 여러 차례 참여하여 지휘소 텐트 안에서 야전침대 펼쳐놓고 걸터앉아, 휴대용 가스버너에 반합 물 올려 라면 끓여 먹거나 뜨거운 믹스커피 끓여 마시던 추억이 많이 있습니다.

그래서 옛 추억을 회상하며 예전의 그 야외 훈련장에서 먹었던 반합 라면과 믹스커피 맛을 다시 느껴보고 싶었습니다.

프리랜서 기술사의 창조 인생

농지 내 임시 지휘소 텐트 설치, 그리고 반합 라면과 조개구이

며칠 뒤 주말, 저희 아이들과 처조카 아이들이 새로 매입한 농지에 처음 놀러 왔습니다. 이제는 아이들도 초등학교 고학년 되었다고 제법 스스로 잘 놉니다.

스스로 돌멩이들 주워 모아 화덕 쌓고, 거기에 주변에 널린 마른 풀과 나뭇가지 쑤셔 넣고 흥미롭게 불장난하는 것을 보면서 역시 땅 사길 잘했다는 뿌듯함을 느꼈습니다.

거기에 인근 20분 거리에 있는 외포리 수산물시장에서 공수해 온 조개를 올려 구워 먹고 양철 반합에 끓인 라면까지 호~호~ 불어 먹으니 아주 최고였습니다.

제가 군대 가서나 맛볼 수 있었던 환상의 맛을 아이들은 초딩 시절부터 경험할 수 있다니 참으로 복 받은 아이들입니다.

2003년 현역 군 간부 시절 혹한기 훈련 /
2021년 예비역 상사로서 동원훈련

프리랜서 기술사의 창조 인생

전원주택 건축하려다
다시 농막으로

잔금까지 치러 405평 농지의 소유권을 완전히 넘겨받은 후 본격적으로 활용 방법을 고민하기 시작했습니다. 농지이니까 농사를 지어야 하는 것은 당연한 것이고, 또한 향후 농지연금으로 활용하려면 농지 면적 300평 이상의 조건만 유지하면 되니, 100평 정도를 뚝 잘라내어 전원주택을 건축하는 것으로 먼저 검토해봤습니다.

검토 결과 여러모로 부정적인 결론이 나왔는데, 우선은 비용이 너무 많이 들었습니다. 약 30평 규모로 건축한다고 가정했을 때 당시 시세를 기준으로 철근콘크리트 구조는 1억5,000만 원이 필요했고, 가장 저렴한 목조라 하더라도 1억 원 이상은 필요했습니다.

항상 그때가 가장 싼 것이라고, 이로부터 약 1년 후 천연자원 대국인 러시아와 곡물수출 대국인 우크라이나가 전쟁을 벌이면서 그 여파로 전 세계적인 인플레이션이 발생하였고, 우리나라 역시 그 영향으로 1년 사이에 물가가 엄청나게 급등하여 건축공사 비용도 약 30% 가까이 치솟게 되었습니다.

이후에 설명하겠지만 다행히도 저는 2022년 여름에 제주도에 이미 완성된 전원주택을 인플레이션 이전 시세로 매수함으로써 물가상승을 감안할 때 매수하자마자 약 6,000만 원의 차익을 얻을 수 있었습니다. 이에 관한 이야기는 '2장 제주도까지'에서 자세히 들려드리겠습니다.

구조형식별 건축비용 개략 시세

구조형식	2021년 건축비 (평당)	2022년 건축비 (평당)
목조	350만 원	500만 원
철골+판넬, 스틸	400만 원	550만 원
철근콘크리트	500만 원	700만 원

※ 2022년 러시아-우크라이나 전쟁 및 전 세계적 인플레이션 현상으로 원자재가 급등

당시에는 제가 아무리 직장생활을 때려치운 파이어족의 삶을 추구한다 하여도, 프리랜서 기술사로서 강의, 심의, 자문, 안전점검 등의 대면 소득 활동을 지속하여 월 2,000만 원 정도의 소득을 벌고 있었습니다.

물론 이 돈 없어도 먹고 사는 데 지장은 없겠지만, 기술사로서 전문지식을 활용해 필요한 곳에 도움 주며 그 대가로 돈도 벌 수 있는데 구태여 거절하고 놀고만 있을 필요는 없겠지요.

즉, 정식 출퇴근까지는 아니어도 평일에는 주로 수도권 지역에서 강의나 건설현장 안전점검 등 이런저런 프리랜서 대면 업무를 봐야 했기에, 제가 거주하고 있는 송도국제도시에서 약 1시

간이면 갈 수 있는 거리인 강화도를 선택해 완전 귀촌보다는 주말농장 형식을 선택 한 것이었습니다.

그러니 어차피 주말에만 가는 거라면 무리하게 비싼 돈 들여 건축까지 할 필요가 있겠나 싶어, 가족과 상의 끝에 이전 경험을 살려 다시 한 번 농막을 설치하기로 했습니다.

농막은 목재 데크를 설치하거나, 잔디 등의 조경수를 꾸미는 등의 활용은 불법이기 때문에 토지의 활용도는 제한되지만, 반면 전체 면적을 모두 농지로 인정받을 수 있어 추후 농지 상태로 매도할 경우 유리한 조건이 될 수 있습니다.

또한, 결정적으로 이전에 130여 평의 농지에서 농막 생활을 한번 해보니 어차피 농막도 합법적으로 수도와 전기 인입이 가능해 규모가 6평 이하로 좁은 것 외에는 일반 주택과 별반 차이가 없다는 것을 잘 알고 있기에, 건축 대신 농막으로 결정한 것입니다.

참고로, 농막 설치와 운영에 대한 자세한 내용은 이미 전작『5도 2촌, 농막 세컨드하우스 활용기』를 통해 충분히 설명했기에 이 책에서는 더 이상 심도 있게 다루지는 않겠습니다.

그래서 전원주택 건축 대신 농막을 설치하되 생활에 불편함이 없도록 다소 비용이 들더라도 멋들어지고 깔끔한 복층형 농막으로 설치를 계획했습니다.

농막 가격대는 아래 표와 같이 규모와 형식별로 차이가 큽니다.

구조형식별 농막 시세

구조형식	시세 (2021년 기준)	비고
컨테이너 단층	300~800만 원	단열재, 마감재에 따라 편차 크게 발생
이동식 주택단층	1,200~1,500만 원	보편적으로 다수 사용 출처: https://blog.naver.com/kjs8161
이동식 주택복층	2000~2500만 원	복층 높이가 4m 초과시 불법 소지있음

※ 농막은 농지법에 의거 연면적 20m² 이내이어야 함

지난번 130여 평 농지에서는 가장 저렴한 컨테이너로 농막을 꾸며봤는데 철판 구조이다 보니 여름에는 너무 덥고 겨울에는 너무 추웠던 기억이 있던 지라, 이번에는 단열도 신경 쓰고, 아이들이 자기들만의 아지트로 쓸 수 있도록 다락방도 있는 복층 구조로 만들기로 결정했습니다.

또한, 비용이 좀 더 들더라도 일반 건축물과 유사한 외관으로 농막을 잘 만들어두면 언제든 필요할 때 건축사사무소에 의뢰하여 농막 부지만 잘라내 필지 분할 후 근린생활시설로 용도변경이 가능하다고 하니 이 또한 결정에 많은 영향을 주었습니다.

우선은 농막으로 사용하다가 추후 적절한 매수희망자가 찾아온다면 좋은 가격에 농지 상태로 되팔아도 되고, 중간에 마음이 바뀌면 기존 농막은 근린생활시설로 용도변경 해버리고 그 주변에 제대로 된 집을 하나 더 건축하여 안채와 별채 용도로 사용해도 될 것이라 생각했습니다. 이도 저도 아니면 애초 계획대로 농지연금까지 쭉 가져가도 되겠지요.

철근콘크리트 건축물도 일반적인 수명을 약 30여 년 보는데, 가설건축물인 농막의 수명은 길어야 10년 정도로 보는 것이 합리적일 것입니다.

농막 설치비가 2,000만 원이라 가정 시 10년 후에는 잔존가치가 0원이 될 터이니, 1년마다 200만 원씩 감가상각 발생한다고 봤을 때, 환산하자면 매달 17만 원이 소모되는 개념인데 요즘 어디를 놀러가도 4인 가족이 펜션 하루 빌리면 그 정도 비용은 발생합니다.

그러니 결과적으로 한 달에 한 번 이상만 농막을 사용한다면 나머지 기간은 그냥 방치해 두어도 결코 손해가 아니라는 것입니다. 농막의 잔존가치는 감가상각으로 떨어질지언정, 땅의 잔존가치는 반대로 물가상승률 이상으로 꾸준히 올라갈 것이니 말이죠.

이렇게 전원주택 건축보다는 농막으로 방향 결정 후 강화도 현지에서 나름대로 평이 괜찮은 농막 설치 전문 건축업체 2군데를 방문해서 견적을 받아봤습니다.

직장생활 해 본 사람은 누구나 잘 아시겠지만, 아무리 생소한 분야라도 전문업체 3군데만 견적 받아 비교해보면 개략 시세를 파악할 수 있답니다.

견적서를 검토하여 단순히 비용 측면만 고려해 최저가 업체를 시킬지? 아니면 품질과 기능을 최우선으로 하여 좀 비싸더라도 이름값 있는 업체를 시킬지?

여기에 대해서는 본인의 가치관에 따라 결정하면 되는 것이지요. 저는 견적을 비교하여 나름 지역 주민들에게 적절히 평판 있는 업체를 선정했고, 2021년 2월 초순부터 본격적으로 신규 농막 설치 작업을 시작했습니다.

그즈음 충격적인 비보를 하나 듣게 되었습니다. 저의 박사학위 은사님이신 지도교수님이 수년 전 정년퇴직하시면서 후임 교수로 유학파 출신 젊은 박사를 들이셨는데, 그 젊은 후임 교수께서 40대 초반의 창창한 나이에 급작스레 요절했다는 것이었습니다.

저의 지도교수님은 워낙 인품이 훌륭하셔서 주변 사람들을 잘 챙기시기에 석박사 제자들이 자발적으로 모여들어 후배들을 위한 장학회를 만들었고, 매년 2차례 정기 모임을 하며 교우관계를 유지하고 있는데, 그 후임 교수님도 그 모임에서 여러 번 뵙고 인사를 나누었기에 저도 잘 알고 지냈습니다.

그분은 연배가 저보다 2살 더 많으신데, 30대까지 오랜 기간 힘든 해외 유학 생활을 마치고 40대 초반에 이제야 국립대 교수가 되어 앞으로 꽃길만 걸으시나 했는데, 느닷없이 건강 악화로 입원한 지 반년 만에 생을 마감하시니, 비슷한 연배였던 저에게는 매우 큰 충격으로 다가왔습니다.

생각해보니 저 역시도 2019년 7월에 난데없이 급성 A형간염에 걸려 생애 처음으로 응급실에 실려 가 병원에 일주일 입원해 있으면서 참 이런저런 많은 생각을 했던 기억이 납니다.

사람 목숨이라는 게 질긴 것 같으면서도 참으로 짧고 허망하기 그지없습니다.

그래서 마흔 나이가 넘고부터는 열정적이고 진취적인 삶보다는 사랑하는 이들과 애틋한 추억을 많이 만들고, 언제든 본인이 세상을 뜨더라도 남아있는 가족들이 무탈하게 생계를 유지할 수 있도록 미리 준비해 두는 것이 필요하다 생각됩니다.

같은 맥락으로 조금 더 써보자면, 2022년 1월에도 평소 잘 알고 지내던 설계감리 회사인 대기업의 저명하신 부사장님이 또 급작스레 생을 마치셨습니다.

그분은 기술고시 사무관 출신으로 공직을 보시다가 젊은 시절 민간대기업으로 이직하여 부사장 직책에 오르실 정도로 열성적으로 회사 일을 하셨고 이제 환갑이 다 되시어 자녀 막 결혼시키고 인생의 꿀맛 같은 휴식을 맛보시려는 찰나에 급작스러운 췌장암으로 진단 받은지 반년 만에 숨을 거두셨습니다.

국립대 정규 교수 임용되자마자 40대 초반에 생을 마치신 두 살 터울 교수님과, 대기업에서 열심히 일하면서 이제 막 은퇴를 앞두고 생을 마치신 부사장님.

이 두 분의 사례가 40대 중반을 앞둔 저에게는 큰 충격으로 다가왔고 앞으로 어떻게 살아야 할지에 대한 커다란 고민을 던져주었습니다.

지나고 돌이켜 보니 이 충격의 여파로 살아있는 동안에 더욱 여유롭게 자유로운 삶을 살고자, 2022년 여름에 강화도에서 제주도로 삶의 터전을 옮기게 된 것 같습니다.

프리랜서 기술사의 창조 인생

생애 두 번째 농막 완성

농막은 농지법에 따라 농지에서 농사를 지으며 휴식을 취할 수 있는 시설로서 연면적 20m² 미만의 기준만 법에 규정되어 있습니다.

농막에는 합법적으로 수돗물과 전기를 끌어 쓸 수 있는데 그러려면 해당 시·군·구청에 가설건축물로 정식 신고가 되어 있어야 합니다.

이러한 농막에 대한 상세한 설명은 이전 책에 자세히 쓰어 있으니 더 이상 다루지 않겠고, 그저 저의 두 번째 농막이 만들어진 전체적인 흐름만 이해하기 쉽도록 각종 사진 자료를 덧붙여 설명해 드리겠습니다.

농막 설치는 2021년 2월부터 4월까지 약 2개월간 진행되었습니다. 보통 농막은 공장에서 미리 만들어 놓은 컨테이너나 이동식주택을 화물차로 가지고 와, 지게차나 크레인으로 하역 설치하는 것이 일반적인데 저의 경우는 직접 해당 위치에서 현지 제작 설치했습니다.

제가 선택한 농막 배치 위치가 바다를 조망하는 고지대이다 보니 말랑말랑한 농지 내 흙 위로 무거운 대형 화물차가 진입할 수 없어, 부득이 건설자재들을 운반해 와 현장에서 직접 제작 설치하는 방법으로 공사한 것이지요.

두 번째 농막 설치 공정표

공종	1/7	1/12	1/13	1/18	1/25	2/6	2/7	2/26	3/3~	3/10	3/16~	3/23	3/24	3/27	4/8	4/9
농막 견적	견적/규격확정															
대출실행		강화농협														
가설건축물신고			축조신고(강화군청)													
필증수령				가설건축물 축조신고 필증												
수도인입				수도인입 신청					급수배관 설치							
지적경계 측량	경계측량 신청				경계측량											
자금마련							이전 농지 매도									
농막 현장설치							계약		기초,철골	판넬,목조				실내마감		
정화조/하수배관								정화조 공사								
자체 급수배관								급수배관								
전기인입 신청											내부 배관					
도로명 주소									신청		발급					
상수도 공사													수도 인입			
정화조 준공								정화조 시공								준공

저는 건설공학 기술사이자 또한 현대건설이라는 굴지의 건설 회사에서 기술직으로 십수 년을 근무했었기에 그 누구보다 이러한 건설공사의 과정을 잘 이해하고 있습니다.

이런 소규모 농막 설치작업은 실제로는 십여 일 정도면 충분히 완성될 것입니다.

그런데 설치업체가 공사비 아끼려고 여러 개 프로젝트를 묶어서 동일 공사 종류별로 한 번에 자재와 인력 구입해 동시에 진행하려다 보니, 연속적으로 공사를 하지 않고 띄엄띄엄 일하는 것이고, 이렇게 중간에 일하지 않는 대기기간이 많으니 2개월이나 소요된 것입니다.

제 눈에 이런 업체의 꼼수가 빤히 보이지만 영세한 시골 업체일수록 언제든 기분 나쁘면 공사 중단하고 잠적할 우려가 있다 보니, 오히려 사장님에게 커피나 자양강장제 뇌물(?) 사 드리며 적당히 비위 맞추면서 어르고 달래어 공사를 진행했습니다.

아래는 제가 2021년 2월에 시공업체로부터 받았던 농막 설치 견적인데, 지금은 물가가 많이 올라 아마 이것보다 약 30% 이상은 더 비싸졌을 것입니다.

복층형 고급 농막 제작 설치 견적서

합 계 금 액 (부가세별도)	(₩ 28,100,000 원)		(₩ 일금 이천팔백십만원정)
품 명	규격	공급가액	비고
농막 복층	3000X7000	2100만원	현관용
2층 외부테라스	3000X3000	250만원	
정화조	8PPM	350만원	오수합병 (준공까지) (5ppm일 경우 재견적)
집터 바닥 혼합석 및 주춧돌		30만원	
야외수도		30만원	
전기신청 계량기		본전기 70만원 임시전기 30만원	
수도연결및인입		30만원	서비스
외부 조명	3개 추가	10만원	

앞서 언급했듯이 농막에 전기와 수도를 사용하려면 반드시 지자체에 가설건축물 축조 신고를 해야 하는데 이는 매우 간단합니다. 까다로운 심의나 허가의 대상이 아니라 말 그대로 '신고'만 하면 수일 내로 문제없이 승인됩니다.

관할 지자체에서 받은 가설건축물 축조 신고필증을 상수도사업소와 한국전력에 제출해야지만 수도와 전기 인입이 가능한 것입니다.

무엇보다도 수도 배관 인입공사가 신청 후 2개월 이상이나 시간 걸리기에 농막 설치를 결정했다면 하루라도 빨리 필증을 수령하여 수도공사 신청부터 우선 해두어야 합니다.

농막 가설건축물 축조 신고 필증

■ 건축법 시행규칙 [별지 제9호서식] <개정 2018.11.29.>

가설건축물 축조 신고 필증

신고번호
2021-건축허가과-가설건축물축조신고-··

건축주
박춘성

대지위치
인천광역시 강화군 화도면   리

지번

※ "지번"은 「공간정보의 구축 및 관리 등에 관한 법률」에 따른 지번을 적으며, 「공유수면의 관리 및 매립에 관한 법률」 제8조에 따라
공유수면의 점용·사용 허가를 받은 경우 그 장소가 지번이 없으면 그 점용·사용 허가를 받은 장소를 적습니다.

전체개요	건축면적			연면적 합계		
	20 ㎡					20 ㎡
	동별	구조	용도	건축면적(㎡)	연면적(㎡)	지상층수
	1동	컨테이너조	가설건축물(임시창고(농막))	20	20	1
동별개요						

존치기간
2024년 01월 15일

귀하께서 제출하신 가설건축물 축조신고서에 대하여 가설건축물 축조 신고필증을 「건축법 시행규칙」 제13조에 따라 교부합니다.

2021년 01월 19일

강화군수 [인]

농막 현장 제작 설치 공정 사진

지적경계 울타리 설치	기초공사(정화조, 지중배관)

철골 설치	외벽 판넬 시공

내부 보온재 시공	복층 다락방 시공

내부 목재 마감공사	지붕 데크설치

이후 농막 설치(현지 건축)의 과정은 백문이 불여일견이라고 아래의 공정 단계별 대표 사진으로 설명을 대체하겠습니다.

이 책의 목적은 농막 설치에 대한 설명이 아니라, 저의 프리랜서 기술사로서의 삶에 대한 것이니까 구태여 농막 설치 과정에 대해서는 상세한 설명은 하지 않겠습니다.

농막 설치 공사는 2월 초 정화조 매설공사 및 기초부 골재 포설을 시작으로 철골 작업과 외벽 판넬 공사, 내부 마감공사의 순서로 진행되었으며, 앞서 언급한 바와 같이 그리 오래 걸릴 일이 아닌데 업체 사정으로 2달에 걸쳐 순차적으로 완성되었습니다.

전체 공종 중 가장 오래 걸리는 게 수도공사인데, 저는 다행히도 농막을 설치해 본 경험이 있어서 농지를 매수하자마자 가장 먼저 수도공사 신청을 미리 해두었기에, 상대적으로 빠르게 3월 24일에 상수도가 들어올 수 있었습니다.

마침 그즈음에 농막 설치 작업도 대부분 완료되어 4월 1일 금요일 밤을 시작으로 새로운 농막에서의 운치 있는 첫날 밤을 보내었지요.

그 이후 매주 농막에 갈 때마다 냉장고, TV, 에어컨, 책상 등 살림살이가 하나씩 추가되었고, 5월이 되니 이제는 꽤 사람이 살 만한 작고 아담한 저만의 힐링 공간이 만들어졌답니다.

비록 평일에는 강의 등 대면 프리랜서 일정으로 거의 못 가지만, 최소한 주말에는 그 누구에게도 간섭받지 않는 온전한 저만의 자유공간이 생긴 것입니다.

두 번째 농막에서의 첫날 밤(2021년 4월 1일)

완성된 농막의 내부 전경

완성 후 실내	완성 후 복층(다락방)
푸른 언덕 풍경 위에 농막	농막의 야간 경관

국가로부터
농민으로 인정받기

힐링 공간 주말농장의 시작

2021년 4월부터 농막 설치도 끝났겠다, 본격적으로 그해 농사를 시작했습니다. 그때만 하더라도 나이 오십 줄 들어서면 프리랜서 기술사 업무조차도 완전히 은퇴하여 운동 삼아 농사지으며 여생을 보내려고 생각했었습니다.

주 농사 종목을 강화도 특산 작물인 속노랑고구마(일명 호박고구마)를 선택했는데, 작물 특성상 밤에도 영상 기온으로 유지되는 5월 중순이 되어야 식재가 시작됩니다. 그래서 4월에는 밭을 갈아 일구는 작업을 먼저 했습니다.

정식으로 경운기를 사다가 밭을 갈자니 겨우 405평 밭농사를 위해 경운기를 사는 것은 너무 과하다고 생각해, 우선 첫 농사이니만큼 인터넷을 검색해 가장 저렴한(23만 원) 중국산 소형 관리기를 하나 구입했습니다.

그런데 소형 관리기는 힘이 너무 약하더군요. 땅이 조금만 뭉쳐있어도 흙덩어리를 깨부수지 못했고, 또 관리기 회전축에 돌멩이가 하도 자주 끼어서 회전축이 구동 못하는 문제가 빈번하

　　　　　　　　　프리랜서 기술사의 창조 인생

게 발생하였습니다.

그렇다고 23만 원이나 주고 구입한 신상품인데 버릴 수도 없고 해서 돈 아까워서라도 억지로 소형 관리기로 405평 밭을 계속 밭갈이를 했습니다.

아무리 소형이라 해도 몇 시간 이상 관리기를 돌리면 과도한 엔진 소음으로 귀가 먹먹해지고, 떨림 진동으로 인해 손바닥에 물집이 잡히고는 했습니다.

주말마다 한 달간 소형 관리기와 씨름하다가 결국에는 인력으로의 밭갈이는 포기한 채 창고 한쪽 구석에 치워놓고, 40만 원을 주고 굴착기(0.2m³급 포크레인)을 반나절 빌려와 고구마밭 로터리를 완료했습니다.

역시 농사는 기계 빨(?)이라더니 단박에 이해가 갑니다. 농사는 사람이 하는 게 아닙니다. 옛날에는 소가 했었고 요즘은 기계가 하는 것입니다.

무식하면 용감하다고 성능 떨어지는 소형 관리기 가지고 한 달 내내 몸고생만 엄청나게 했습니다.

고구마 농사를 위해 밭갈이 (2021년 4월)

　고구마 농사를 준비하며 관련 책도 많이 읽어 보고 인터넷도 검색해보니 고구마 농사의 가장 큰 애로사항은 굼벵이라고 합니다. 땅속에서 고구마를 야금야금 갉아 먹는다는 것이지요.

　그래서 굼벵이를 퇴치하기 위해 밭갈이할 때부터 굼벵이 살충제를 같이 섞어주면 효과가 좋다고 책에서 읽었습니다.

　이를 참고해 4월 10일에 굼벵이 살충제 뿌려서 한 번 더 땅을 뒤섞어주고, 한 일주일 놔두어 살충제의 성분이 어느 정도 토양에 혼입된 후 고구마 전용 비료를 또 뿌려주고 한 번 더 뒤섞었습니다.

　4월 말에는 봉긋한 밭 모양으로 고랑을 파고 두둑을 조성한 후 비닐멀칭까지 해두어, 이제 날만 따뜻해지면 고구마순 옮겨 심을 수 있도록 모든 준비를 다 해두었습니다.

　이제 옮겨 심을 고구마순을 구입하려고 추천받은 읍내 종묘상에 가서 고구마순 30단을 예약 걸어두었습니다.

고구마순은 1단에 약 100개 정도의 고구마 줄기가 들어있는데, 제가 밭에 만들어둔 고구마 두둑이 약 800m이고, 여기에 약 25cm 간격으로 심는다면 대략 3,000개의 고구마순 줄기가 필요하다가 계산했기 때문입니다.

고구마순의 가격은 매년 작황 상태에 따라서 다른데 일반적으로 1단에 1~2만 원 사이에서 가격이 형성됩니다.

어느덧 조금 더 시간이 지나 5월 10일, 예약해둔 고구마순 30단을 받아와 본격적으로 고구마순 옮겨심기를 시작하였습니다.

고구마순 심는 것은 꽂을대 같은 전용 기구를 이용해 고구마순 끝단부를 흙 두둑 속으로 푹 찔러 넣는 방법인데 어려운 건 없습니다.

다만 몇 시간이고 쪼그려 앉거나 허리를 숙이고 작업해야 하기에 엄청난 중노동이기는 합니다.

처음 농사지어보는 저 같은 초보 농부 수준으로는 3일 정도 다른 일을 전폐하고 고구마순 심기에 전념하니 겨우 405평 밭에 고구마순을 전부 심을 수 있었습니다. 이제 잘 가꾸어 관리해주는 것만 남았습니다.

농사라는 게 일로 생각하면 무지하게 어렵고 힘든 것인데, 일이 아니라 여가생활이라 생각하면 참으로 흥미롭기 그지없습니다.

게다가 농장 안에 씻고 밥 먹고 쉴 수 있는 깔끔한 최신식 농막 시설까지 있으니, 낮에는 땀 흘려 일하고 밤에는 노을 지는 서해 바다와 맑고 깨끗한 강화도 밤하늘 바라보며 술 한 잔 할 수 있으니, 낮에 농사로 인한 피로가 그냥 한 번에 싹 풀려버리는 것 같았습니다.

밭갈이 완료 후 비닐멀칭, 고구마순 옮겨심기(2021년 5월)

낮에 밭일 마치고 저녁노을과 밤하늘 바라보며 휴식을… (2021년 5월)

프리랜서 기술사의 창조 인생

농업인의 공식 인증서:
농지원부, 농업경영체 등록

농지를 활용해 추후에 연금을 받으려면 농지원부가 있어야 했습니다. 농지원부는 개인별 소유 또는 임대한 토지에 실경작하고 있는 농지 현황을 정리한 문서로서, 여러 가지 세세한 기준이 많지만 간단 명료하게 정리하면 약 300평(1,000m²) 이상의 농지에서 실제 농사를 짓는 사람에게만 발급되는 농민 인증서 같은 것입니다.

이후 한국토지주택공사(LH) 직원의 땅 투기 파장으로 관련 법령이 더욱 강화되어 2022년부터는 농지대장으로 명칭도 바뀌고 관리기준도 더욱 까다로워졌지만, 저는 제가 직접 경험했던 2021년의 기억을 바탕으로 경험을 써보겠습니다.

내 소유의 땅 없이 농지를 임대해 농사짓는 사람도 진짜 농업인이 맞다면 경우에 따라서 농지원부 발급이 가능하지만, 일반적으로 저와 같이 약 300평 이상의 자가 농지를 소유하고 실제 농사짓고 있으면 농지원부 발급이 가능합니다.

2021년 당시 기준으로 농지원부는 농사짓는 개인에 대한 문서이기에 신청하려는 농지의 주소지가 아닌, 그 사람의 주민등록상 거주지 관할 지자체(시, 군, 구청)에 신청하면 되었습니다.

이 농지원부가 중요한 이유는 앞서 언급했다시피, 노후에 농지연금을 신청하려면 농지원부 발급 이후 스스로 농사지은 경력이 5년 이상 되어야 했기 때문입니다.

이 외에도 각종 농업인으로서의 혜택을 받으려 할 때도 농지원부 발급 이후의 영농 경력을 기준으로 책정합니다. 즉 '이 사람은 등록된 농민이 맞습니다.'라는 정부의 공식 인증서인 셈이지요.

농지원부 신청 완료(2021년 4월)

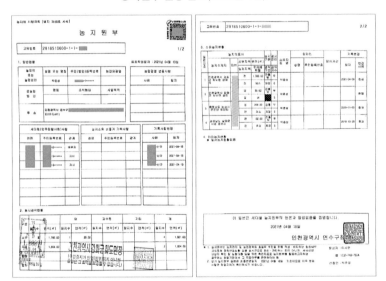

다음으로 농업경영체 등록에 대해 말씀드리겠습니다. 농지를 활용하려는 목적이 단순히 농지연금만을 목적으로 하는 것이라면, 구태여 농업경영체까지 등록은 필요 없습니다.

하지만 지역 농업협동조합(이하 농협)에 가입하여 여러 추가 혜택도 받고, 이 외에도 정부에서 시행하는 각종 농업인 대상의 지원을 받으려면 농업경영체 가입이 필요했습니다.

이미 농지원부에 등록되었는데 농업경영체 가입은 왜 필요한가에 대해 짧고 굵게 저의 의견을 요약해 드리자면, 농지원부는 마을 이장님과 말만 통하면 아는 사람들끼리 허위로 농지 임대받아 농사짓는다고 거짓 등록이 쉬이 가능했기에, 진정한 농민이라는 입증에 대한 신빙성이 부족하여 제삼자인 국가 공공기관에서 각종 농업인 혜택을 제공하기 전에 실제 경작 여부를 재차 확인하는 이중 관리 시스템으로 이해하면 되겠습니다.

이러한 연유로 농업경영체 등록 관리는 마을 유지의 입김이 통하는 지방자치단체가 아닌, 제삼자 입장인 농림축산식품부 산하의 국립농산물품질관리원에서 주관하고 있습니다.

농업경영체 등록을 하려면 농지원부와는 다르게 좀 더 까다로운 절차를 거쳐야 합니다. 우선 마을 이장님 등의 실제 경작 사실에 대한 확인서를 서명받아 제출해야 하며, 단순히 확인서 내는 것으로 끝나지 않고 공무원이 해당 농지에 직접 불시방문하여 실제 경작 여부를 육안 점검합니다.

저는 농협 조합원 가입을 목표로 했었기에 이러한 까다로운 절차를 거쳐 농업경영체 등록까지 완료했습니다.

당시 기억나는 일화로는 마을 이장님에게 경작 사실 확인서 서명받으러 갔을 때, 외지 사람이라고 배척하고 꺼리는 것이 말투와 표정에서 바로 느껴지더라고요.

서로 입장이 다르니 이장님 등 현지인의 마음도 충분히 이해는 갑니다만 그렇다고 초면에 그렇게 투덜거리는 감정을 티 내면서 말할 필요는 없다고 생각됩니다. 혼자서만 그리 생각하면 되는 거지.

이런 게 집단으로 직장생활 하면서 감정조절에 훈련된 도시 사람과 농사 등 자영업 위주로 돈벌이하다 보니 구태여 대인관계에 감정조절이 크게 필요 없는 시골 사람의 차이점 중 한 단면이라 생각되네요.

농업경영체 등록 완료(2021년 5월)

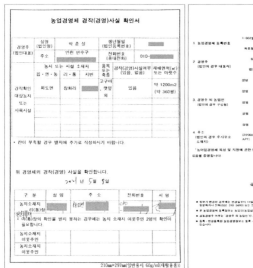

프리랜서 기술사의 창조 인생

조직에 몸 담다, 농협 조합원

2021년 5월, 405평 밭에다 고구마순을 모두 심어놓고 농업경영체 등록신청을 하니 실사 점검을 거쳐 약 2개월 후에 승인되었고, 이제는 농협 조합원이 되고자 해당 지역을 담당하고 있는 강화 남부농협으로 갔습니다.

사전에 전화로 안내받은 바와 같이 농지원부와 농업경영체 등록증명서를 가지고 농협에 방문해서 필요한 서류들을 작성했고, 농협에서는 조합원 이사회를 통해 신규 조합원 가입승인 여부를 결정하기에 이사회가 열릴 때까지 며칠 기다려야 했습니다.

며칠 후 조건에 적합하여 가입이 승인되었다는 연락을 받았습니다. 다음 단계로 다시 농협에 방문해 출자금을 납입해야 합니다. 출자금은 은행예금과 비슷하지만 다른 점은 예금자 보호가 되지 않는다는 것입니다. 더 쉽게 비유하자면 해당 농협의 주식에 투자하는 것과 같습니다.

조합원이 되려면 그 조합에 일정 금액을 투자해야 한다는 개념이고, 회사의 사업이 잘되어 수익을 올리면 주주들에게 배당금 주듯이, 농협에서도 그 해 수입이 좋으면 연말에 정산해 조합원들에게 출자한 비율만큼 배당금을 주는 시스템입니다. 배당금은 매해 수익 정도에 따라 다르지만 통상 3~4% 정도 수준입니다.

조합원 신청할 때 출자금을 얼마 납입할지 고민이었는데, 여러 측면으로 알아보니 출자금을 많이 넣어봐야 별로 좋은 점이 없었습니다.

오히려 단점들이 더 많았습니다. 예금자 보호도 안 되었으며 수시 인출도 불가했습니다. 돈을 찾으려면 조합원 탈퇴 신청한 후 연말에 정산하여 차기 연도에 인출이 가능하답니다. 금융상품으로 보자면 그다지 좋은 상품은 아니었습니다.

하지만 그럼에도 농협 조합원으로서의 혜택은 아래와 같이 여러 가지가 있었습니다.

1) 농협 하나로마트 이용 시 할인 및 포인트 적립 사용 가능
2) 농자재, 농기구 구입 시 조합원 특별할인
3) 화물차 등 농업용 장비 유류 지원(1리터/일)
4) 매년 10만 원 상당의 영농자재 구입용 상품권 카드 지급

그래서 출자금을 구태여 많이 넣을 필요는 없다고 판단해서 최소 금액보다 조금 더 얹어서 300만 원만 납입하기로 했습니다.

그냥 마음 편히 농협이라는 초우량 기업에 300만 원어치 주식투자 해두었다고 생각하려고요.

그래도 조합원 가입한 덕분에 그 해 고구마 농사를 지으면서

비료나 농기구 구입 시 농협 조합원으로서의 혜택을 톡톡히 잘 활용했고, 제주도로 옮긴 지금도 농협 하나로마트 이용 시 할인받는 등 농협 조합원으로서의 혜택은 아직도 유효하게 잘 써먹고 있습니다.

농협조합원 배당금 지급자료(2021년 12월)

2021년도 배당 지급 통지서

성 명 : 박춘성 　　[▨▨▨-1✱✱✱✱✱✱] 귀하

작년 한해 동안 우리농협을 이용해 주신점 깊이 감사드립니다.
우리농협의 2021년도 결산결과 발생한 잉여금액에 대한 배당금을 아래와 같이 지급하여 드리니 수령하시기 바라며 앞으로도 많은 관심과 적극적인 이용을 부탁드립니다.

구 분		전년말기준 총지분	금차배당금	배당금에 대한 원천 징수액			세후 지급액		적립후 총지분
				소득세	주민세	계	현금배당	지분적립	
출 자 금		3,000,000	33,065	0	0	0	38,054	0	3,000,000
이용고 배당금	지급금		4,989	0	0	0		0	
	회전출자	0	0					0	0
사업준비금		0	3,868					3,868	3,868
계		3,000,000	41,922	0	0	0	38,054	3,868	3,003,868

■배당금은 조합원님의 통장으로 입금처리되었습니다.

2022년 02월 14일

강화남부농협

영 수 증

(기준년도 :2021)

강화남부농협 귀하

구 분	지 급 액		배당금에 대한 원천 징수액			지급액계
	출자배당	이용고배당	소 득 세	주 민 세	계	
현금	33,065	4,989	0	0	0	38,054

상기 금액을 정히 영수함
년　　월　　일

▨▨▨리 (75)　　박춘성　　(인)

도시에서는 이마트나 롯데마트 같은 대형 마트를 주로 이용하겠지만, 군 단위 이하의 시골 지역에는 이런 대형 마트는 찾아보기 힘듭니다. 당장 강화군만 하더라도 대형 마트에 가려면 김포시 번화가까지 나가야만 합니다.

이런 시골 지역에서는 농협 하나로마트가 '짱'입니다. 전국 어디에 가나 읍내와 면사무소 인근 구석구석에 하나로마트가 다 있습니다. 농담이 아니라 우리나라 국내 최고의 유통판매업체는 신세계그룹도 아니고 롯데그룹도 아닌, 바로 농협 하나로마트일 것입니다.

농협 조합원 관련하여 기억나는 일화를 하나 덧붙여 보겠습니다. 농업용 화물차는 유류비가 지원된다고 하여, 2021년 4월에 약 3,400만 원 들여 렉스턴 스포츠 화물차를 추가로 장만했는데, 농협에 가서 유류비 지원 신청하려 보니 렉스턴 스포츠와 같은 SUV형 화물차는 언제든지 짐칸에 덮개를 씌워 비화물용으로 개조할 수 있기에 유류비 지원이 안 된다고 합니다. 즉, 포터와 같은 전형적인 화물트럭에만 지원된다는 것이지요.

살짝 기분 좋지는 않았지만 그래봐야 하루에 1리터. 그것도 세금 할인만 지원해주는 정도라서, 돈으로 따져보면 지원되는 게 하루에 500원 정도라, 커피 몇 잔 덜 마신다 생각하고 그냥 웃어 넘겼던 기억이 있습니다.

그때 사두었던 렉스턴 화물차는 지금 제주도에 가져다 두고 4도 3촌 제주살이하는 데 아주 요긴하게 잘 사용하고 있답니다.

프리랜서 기술사의 창조 인생

농협조합원 활용사례(2021년)

출자금 통장(300만 원)	농협 마트 이용 우대
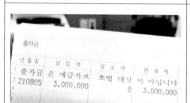	
각종 영농자재 할인 혜택	
	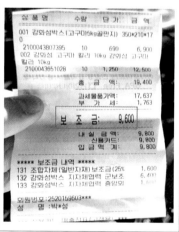

고구마 농사일기

2021년에는 새롭게 조성한 농장에서 강화도 특산 속노랑고구마를 주력으로 상추, 가지, 고추, 방울토마토, 옥수수 등을 농사지었습니다.

마치 회사에 갓 입사한 신입사원 시절로 되돌아간 것처럼 농사 관련 서적을 탐독하고 인터넷을 검색 학습하여 고구마 농사법을 터득해 그 한 해 동안 주말마다 비지땀 흘려가며 농사를 지었습니다.

5월에는 고구마순을 심었고, 7~8월에는 여름 내내 주말마다 땀을 한 바가지씩 흘려가면서 잡초를 뽑았습니다.

9월에는 주말은 물론 추석 연휴 내내 밭에 달라붙어 묵직한 삼지창으로 알알이 고구마 캐내는 중노동을 하였습니다.

단순히 농사만 지어 본 게 아니라, 고구마 수확 시기에 맞춰 네이버 블로그에 홍보하여 소소하게나마 온라인 판매 실적도 올려봤고, 이와 함께 아이들을 위한 고구마 캐기 체험장으로도 운영하며 부수익도 올려봤습니다.

프리랜서 기술사의 창조 인생

고구마 판매 가격은 당시 시중가보다는 좀 저렴하게 책정해 10kg 한 박스당 25,000원에 판매했는데 연말에 집계해보니 고구마 판매로 벌어들인 총 수익금이 213만 원이었습니다. 처음 해본 농사치고는 나쁘지 않은 수익이라 생각됩니다.

　하지만 문제는 이 해 고구마 농사를 위해 지출된 투자금이 143만 원이라는 것입니다. 즉 수익금 213만 원에서 투자금 143만 원 빼고 나면 남는 순수익은 겨우 60만 원인 것이지요.

고구마 농사 경험(2021년 5월~9월)

작물 식재 및 관리

수 확

판 매

프리랜서 기술사의 창조 인생

고구마 캐기 체험장 운영(2021년 9월)

주말농장에서 아이들과의 추억들

　이런 젠장! 고작 60만 원 벌겠다고 4월부터 9월까지 주말마다 뼈 빠지게 고생한 걸 떠올리니, 제 인건비를 생각하면 엄청난 손실이었습니다.

그때 깨달았지요. 아무리 운동 삼아 하는 것이라도 농사는 가성비가 너무 안 맞는다는 것을요. 그래서 딱 그 한 해만 고구마 농사 하고 이후에는 더는 미련 없이 농사는 접었습니다.

그나마 위안이 되는 건 주말농장을 해보면서 아이들에게 직접 농사에 대해 살아있는 경험을 시켜주었다는 것입니다.

또한, 고구마 캐기 체험장을 아이들이 직접 운영해보도록 하여, 더 나이 어린 꼬마 손님들을 안내해 고구마 캐는 방법을 가르쳐주고 돈도 현금을 직접 받아보게 해, 돈 버는 방법을 몸소 경험하고 느끼게 해주었다는 것이 있겠습니다.

그리고 제 개인적으로는 고구마 농사를 하면서 주말마다 아이들과 함께한 농장에서의 시간은 저에게 정말 소중한 추억으로 남았습니다.

그런데, 아이들도 과연 저처럼 좋은 추억으로 생각할지는 잘 모르겠네요.

프리랜서 기술사의 창조 인생

기술사사무소
법인 설립

본진이 털리면 안 된다

여기 강화도 농장에 전원주택을 짓고 유유자적하게 소일거리로 농사지으면서 그 돈으로 한적하게 노후생황을 즐기겠다는 생각은 접게 되었습니다.

아무리 경험 부족한 농사 첫해라고 해도 405평 농지에서 고작 60만 원 소득이면 차라리 안 하느니만 못한 수준입니다. 꼭 농사를 짓는다면 그냥 돈 안 받고 그냥 지인들에게 선물로 나눠준다면 차라리 인심이라도 더 얻을 것 같습니다.

역시나 송충이는 솔잎을 먹고 살아야 한다고, 저는 건설공학 전문 기술사로서 저의 전문성을 살려 돈벌이하는 게 맞다는 것을 깨우쳤습니다.

마침 2021년도 하반기부터는 지금까지의 대면 업무와는 다른 비대면 사업 분야의 돈벌이 업역을 새롭게 깨닫기 시작했습니다.

건설공사는 그 규모와 위험성에 따라 관련 법에 규정된 기준에 해당되면 반드시 착공 전에 안전관리계획서나 유해위험방지

계획서, 해체계획서 등의 여러 가지 법정 문서를 작성하여 공신력 있는 검토기관의 심사 승인을 받아야만 합니다.

이러한 문서를 법령에서는 원론적으로 시공회사의 현장 직원들이 직접 만들라고는 되어 있지만, 현실적으로 대부분의 건설현장 직원들은 각종 법령과 기술적인 사항에 대한 전문지식이 부족하기에 직접 작성 못 하고 외부 전문업체에 외주 용역 맡기는 게 현실입니다.

법이 참 웃깁니다. 시공회사에서 직접 만들라고 규정해놓고, 요구수준을 비전문가는 절대 직접 만들 수 없는 수준으로 복잡하고 까다롭게 요구하고 있으니까요.

시중에 이런 건설안전 관련 문서작성을 전문으로 하는 대행업체들 대부분이 고용노동부 관련된 업무만을 전문으로 하다 보니, 산업안전보건법 등 고용노동부에서 관리하는 산업안전 분야에 대해서는 전문성이 있으나, 국토교통부에서 관리하는 건설기술 진흥법 등의 건설기술 분야에 대해서는 잘 모릅니다.

심지어 건설 안전 서류대행 전문가라고 타이틀을 내걸고 홍보하는 사람들 중에는 건설 현장 실무경험이 전혀 없어서, 가장 기본인 설계도면조차도 읽고 해석할 줄 모르는 사람들이 수두룩합니다.

저는 대학교수로서 건설기술인 직무교육 기관에도 고정 출강하는데, 건설 현장 실무자분들과 강의하며 소통하다 보니, 이러한 비전문가가 전문가인 척 행세하며 미흡한 수준으로 서류를 작성하는, 안전 서류 작성 대행 업계의 고질적인 문제점에 많은 공감을 하고 있었습니다.

그 와중에 예전 현대건설에서 근무할 적에 같이 근무했었던 지인으로부터 이러한 안전 서류 작성을 맡길만한 제대로 된 전문업체를 소개해 달라는 부탁을 받게 되었습니다.

하지만 솔직히 제가 건설 안전 전문가로 활동하면서 만나 본 수많은 건설 안전 전문가 중에 설계도서를 제대로 해석할 수 있고 기술적으로나 안전관리 측면에서나 모두 전문성이 뛰어난 사람은 많이 보지를 못했습니다.

대부분 설계도면도 볼 줄 모르면서 '안전은 마음속에 있는 것'이라느니, '안전은 관심과 사랑'이라느니, '정리 정돈 철저' 등의 아주 상식적이고 비전문적인 내용들만 떠들어대는 부류가 대부분이었습니다.

어지간한 사람의 부탁이면 그냥 대충 적당한 곳 소개해주고 말았을 텐데, 그 부탁을 하신 분은 그냥 적당히 넘길 수 없는, 제가 현대건설에 말단 현채직으로 근무할 적의 첫 사수였습니다.

이제 막 현채직 말단 신입으로 근무할 당시에 그분은 정규직으로 고참급 과장이었는데 정말 일을 합리적으로 잘 처리하시고, 문서 작성 능력도 뛰어나시며, 또한 본사에서 오랫동안 근무하셔서 넓고 두터운 회사 내 인맥으로 나중에도 제가 정규직이 될 수 있도록 많이 도와주시고 이끌어주셨던 제 마음속의 스승과도 같은 분이셨습니다.

그분은 해외 사업 분야 임원 승진을 목전에 두고 있었지만, 더 이상 가족과 떨어져 해외로만 떠도는 것을 원치 않으셔서 2019년 연말에 과감히 퇴직을 결정하셨고, 이후 어느 그룹 계열사 중견기업에 국내 건설사업을 총괄하시는 고위 임원으로 이직하셨습니다.

그분이 관리하시는 사업장 중 한 곳에서 착공을 앞두고 법정 문서인 안전 서류 제출이 지연되어 일이 안 되고 있어, 건설 안전 전문가인 저에게 긴히 도움을 청하신 것이었습니다.

그래서 나름대로 실력 있고 검증된 안전 서류 대행업체를 몇 군데 소개해드렸는데 며칠 후 경과를 여쭤보니 아직도 일이 진행되지 못하고 있다는 것이었습니다.

안전 서류 대행업체 중 규모와 전문성이 있다고 생각되는 곳으로 추천해 드렸음에도 진행이 안 되고 있다기에, 안면이 있던 소개해 드린 업체들 담당자에게 직접 연락하여 이유를 알아보니 죄다 난색을 보이고 있었습니다.

어떤 곳은 난이도 낮은 일반적인 건축공사만 서류작성 가능하지, 난이도 높고 복잡한 토목공사는 너무 어려워서 맡지 못한다는 곳도 있었고, 또 어떤 곳은 토목공사라도 작성은 가능하지만 현재 일이 많이 몰려있어 한 달 넘게 기다려야 한다는 곳도 있었습니다.

게다가 작성 비용도 일반적인 업계 시세를 벗어나 터무니없게 비싸게 요구하고 있었습니다.

일반적인 업계 시세가 난이도 낮은 공사는 한 건 당 약 300만 원 정도, 난이도 높은 공사는 약 800만 원 정도였는데, 그 2배 이상의 비용을 요구하고 있었습니다.

이에 고민 끝에, 옛 직장 선배님에게 은혜도 갚고, 저도 비대면 안전 서류 작성 대행 분야로 새롭게 업역도 확장해볼까 싶은 요량으로, 그분에게 자초지종을 설명해 드린 후 업계 시세의 반값으로 제가 직접 안전 서류 작성을 대행해 드리기로 결정했습니다.

전혀 사전계획 없이 갑작스레 시작하게 된 비대면 서류작성 대행 업역이 이후에 저의 주력 분야로 전환되면서, 저의 삶을 혁신적으로 확 바꾸어 놓는 계기가 되었습니다.

역시 송충이는 솔잎을 먹고 살아야 한다고, 공학박사이자 기술사는 기술력으로 돈벌이를 하는 게 맞습니다. 건설 실무경험과 전문성이야말로 저의 원천기술로서, 저의 본진이라고 할 수 있겠습니다.

옛 고전 병법서에도 여러 차례 강조하고 있지만, 본진을 잘 사수하고 육성해야지 전쟁에서 승리하고 천하통일을 할 수 있듯이, 어떠한 경우에라도 본진이 털려서는 안 되는 법입니다.

연봉 상승

직장에 다니던 2017년까지는 돈 버는 방법이라고는 회사 월급 밖에 모르던 전형적인 월급쟁이였고, 조기 퇴사 후에는 강의, 자문, 심의 등의 다양한 대면 프리랜서 기술사 활동으로 소득을 벌었습니다.

그렇게 프리랜서 기술사 짬밥이 쌓여 4년 차가 되니 만 마흔 살에는 연 소득 3억 원으로 나름대로 대기업 임원 연봉 정도 소득을 올리게 되었습니다.

제가 건설기술인 직무교육을 많이 출강하다 보니 때에 따라서는 대기업에서 임직원들을 대상으로 특강을 출강하기도 하는데, 2021년 연말에는 현대그룹 계열 어느 대기업의 본부장님들을 대상으로 건설 안전 특강을 한 적이 있었습니다.

본부장 자리는 상무 또는 전무 직급이 맡는 자리인데, 워낙 직급이 높은 분들이다 보니 건설 안전 강의 내용에는 별 관심 없으셨고, 그래서 그냥 강화도 주말농장 경험 등의 잡담으로 강의 내용을 대체하고 있었습니다.

그러던 중 곧 퇴직을 앞두신 듯한 나이 지긋하신 임원 한 분께서 저처럼 강의나 자문 등 프리랜서 활동을 하면 연 소득이 얼마나 되는지 물어보셨습니다.

　이런 질문은 꼭 임원들이 아니셔도 은퇴를 앞둔 사람들에게 종종 듣는 질문인데, 괜히 사실대로 말하면은 열심히 직장생활 중이신 많은 직장인이 많은 소득 격차로 다소 상실감을 느끼실까 걱정되어 대부분 사실대로 알려드리지 않습니다.
　그저 두루뭉술하게 그저 직장생활 할 때보다 약간 더 번다는 식으로 대충 얼버무리는데, 하지만 이날의 강의 자리는 굴지의 대기업 임원분들만을 대상으로 하는 자리이니만큼, 이분들이 아무럼 저보다 많이 버실 것으로 생각하여 사실대로 연평균 3억 원 정도 벌고 있다고 말씀드렸습니다.

　그 순간 종일 강의에는 관심 없고 본인들끼리 잡담이나 주고받으시며 딴짓하시던 임원분들이 순간 고요해지면서 모두 저를 쳐다보고 있었습니다.
　순간의 고요함을 깨고 좀 전에 질문 주셨던 임원분께서 겸연쩍게 웃으시면서 '돈 잘 버시네요'라고 답변 주시고 다시 원래대로 잡담하는 분위기로 돌아갔는데, 저보다도 더 돈 많이 버시는 고위 임원분들이 왜 이러시나 싶어 강의 마치고 나오는 길에 인솔해주는 인사팀 교육 담당 직원에게 넌지시 물어봤습니다.

　"친절한 안내 감사드립니다. 그런데 이런 굴지의 대기업의 임원분들께서는 대략 연봉이 얼마나 되실까요? 너무 부러워서요."

"연봉제이기에 성과별로 조금 차이가 있지만, 대략 상무 직급은 약 2억 원 정도 되고, 전무 직급은 이보다 몇천만 원 정도 더 높으십니다."

아, 그제야 아까 연봉 이야기할 때 순간적으로 분위기가 고요해졌던 이유를 짐작할 수 있었습니다. 본인보다 아래라고 깔보았던 나이 어린 외부 강사의 돈벌이가 본인들 연봉보다 더 많다는 것에 놀라기도 하고 한편으로는 부럽기도 했을 것입니다.

게다가 본인들은 빠르면 며칠 후 연말에라도 당장 잘려서 옷 벗고 나가야 할 판인데, 그 앞에 강사는 정년 없이 본인 몸만 건강하면 계속 돈 벌 수 있다 하니 여러 생각이 교차하셨겠지요.

제 기억에 남는 이 일화를 통해 말씀드리고자 한 것은 당시 프리랜서 기술사로서 저의 연 소득은 약 3억 원으로서 결코 적은 금액이 아니었다는 것이고, 또한 저 역시도 이를 잘 인지하고 저의 소득에 만족을 느끼고 있었다는 것입니다.

그런데, 앞장에서 설명했던 건설공사 관련된 각종 서류작성 대행 업무가 또 하나의 소득 유형으로 추가되니, 기존 연봉 3억 원에 소득이 증가하여 연봉 수준이 확연히 달라졌습니다.

전 직장 선배님을 도와드리기 위해 처음 시작했던 첫 달은 수백만 원의 소득이 추가되었고, 추가로 소개받은 몇몇 다른 현장에서도 서류 작성 의뢰를 주어 두어 달 후에는 비대면 서류작성 대행 업무만으로도 소득이 월 1,000만 원을 넘기게 되었습니다.

저 또한 서류작성 업무가 돈이 되다 보니, 건설기술인 강의할 때 은근히 홍보도 좀 하고, 제 블로그에 종종 홍보 글을 올렸더니 이제는 서류작성 대행 비대면 업무 소득이 강의, 자문, 심의 등의 기존 대면 업무의 소득을 앞질러 초과하게 된 것입니다.

게다가 기존의 대면 업무들은 정식 출퇴근은 아니어도 주어진 장소로 시간 맞춰 이동해야 하기에, 알게 모르게 교통으로 인한 시간과 비용을 많이 빼앗겼는데, 비대면 서류작성 업무는 언제 어디서든 노트북만 있으면 일할 수 있으니 교통비 지출도 확 줄고, 시간 여유도 많이 늘어났습니다.

바야흐로 디지털 노마드의 세계를 직접 경험하고 깨우치게 된 것이지요.

농막 200% 활용기
(법인 설립)

강의, 자문, 심의 등의 대면 업무는 개인적으로 벌어들이는 소득이니, 의뢰기관(업체)에서 돈을 줄 때 소득세를 원천징수 공제한 후 나머지 비용을 주고, 이를 매년 5월에 1년 치를 모두 합산해 종합소득세 신고를 하는 시스템이었습니다.

물론 2017년에 현대건설 사직하고 나오면서 만들어둔 개인사업자가 있었지만, 프리랜서 대면 업무들은 어차피 사업소득이 아닌 개인소득 인건비 명목으로 돈을 받기에 개인사업자가 있어봐야 별 쓸모가 없습니다.

설사 제가 바득바득 우겨서 개인사업자로 세금계산서 발행하고 사업소득으로 돈을 받는다 해도, 어쨌든 개인사업자는 5월 종합소득세 신고 시 합산 과세 되는 것은 차이가 없지요.

기존의 대면 업무만으로도 벌어들이는 소득이 약 3억 원인데, 여기에 비대면 업무로 벌어들이는 사업소득이 더해지니, 비대면 사업을 시작한 지 1년도 채 안 되어 소득이 근 2배 가까이 수직 상승하였습니다.

이러다가는 애써 고생해서 벌어들인 돈을 42%나 되는 어마어마한 높은 세율로 국세청에 헌납해야 할 판이었습니다.

기존에도 35~38%의 높은 세율로 종합소득세를 냈었는데, 이게 42%까지 늘어날 우려가 있다 보니 더는 개인사업자로는 안 되겠다 싶어졌습니다. 세금을 합법적으로 줄이기 위한 대책이 절실히 필요했습니다.

종합소득세 세율(2021년 귀속)

종합소득세 세율 (2021년 귀속)

과세표준	세율	누진공제
12,000,000원 이하	6%	-
12,000,000원 초과 46,000,000원 이하	15%	1,080,000원
46,000,000원 초과 88,000,000원 이하	24%	5,220,000원
88,000,000원 초과 150,000,000원 이하	35%	14,900,000원
150,000,000원 초과 300,000,000원 이하	38%	19,400,000원
300,000,000원 초과 500,000,000원 이하	40%	25,400,000원
500,000,000원 초과 1,000,000,000원 이하	42%	35,400,000원
1,000,000,000원 초과	45%	65,400,000원

출처: 국세청

그래서 생각해낸 방법이 법인사업자 설립이었습니다. 가상의 인격체인 법인을 설립하여 비대면 사업소득은 법인 명의로 받으면, 제 개인의 소득이 아니기에 소득세 과세표준에 합산되지 않을 것이며, 그러면 제 개인의 소득은 줄어들어 내야 할 종합소득세율도 덩달아 감소할 것이기 때문입니다.

하지만 법인 설립 및 사업체 운영이라는 게 아무나 그냥 막 시작할 수 있는 게 아니지요. 정말 아무것도 아는 것이 없다보니 막상 법인 설립을 하기에 막연한 두려움이 엄습해왔습니다.

주변에서 주워듣기로는 법인을 만들면 매달 세무 기장료와 사무실 임대료 등의 고정비용만도 수십만 원씩 들어간다던데, 돈을 벌든 못 벌든 무조건 매달 꼬박꼬박 돈을 내야 한다고 들었습니다.

또한 법인 설립 절차도 복잡하거니와 운영관리도 엄청 어려워 전문적인 경리 직원 없이는 운영하기 힘들다는 이야기도 주워들었습니다.

게다가 제가 수행하려는 건설기술 엔지니어링 사업 분야는 사무실 조건이니, 인력 조건이니, 최소 자본금 조건 등이 법에 규정되어 있어 아무나 신청할 수 없다는 등의 하나같이 저의 의지를 꺾는 부정적인 이야기들뿐이었습니다.

문득 20여 년 전 2002년에 제가 병사로 군 복무하던 중 부사관으로 지원하려던 때가 떠올랐습니다. 지금 '법인 설립 할까? 말까?' 고민할 때의 모든 상황이 그때 '부사관 할까? 말까?' 고민하던 상황과 거의 유사했습니다.

당시 주변의 가족 친구 등 지인들은 하나같이 부사관 지원을 만류했었습니다. 하지만 저는 해봐도 후회하고 안 해봐도 후회할 것 같으면 해보고 후회하자는 결정을 내렸고, 결국 부사관에 지원하여 병 생활 외 추가로 4년을 더 군에 복무하고 나왔는데, 그 결과는 매우 성공적이었습니다.

제 전작 책들을 읽어보신 분들은 잘 아시겠지만, 20대 중반의 나이에 현재 가치로 치면 약 1억 원이 넘는 큰돈을 모아 나왔고, 공병 기술 부사관이다 보니 건설기술인 경력으로도 인정받아 국가기술자격 취득 등에도 여러모로 유리하게 혜택도 받았었습니다.

부사관을 지원함으로써 손해본 것이라고는 오직 20대 초중반 젊은 시절을 친구들과 자주 놀지 못하고 군대라는 외진 곳에서 4년간 직장생활 했다는 것 말고는 전혀 없었습니다.

그 당시에 제 주변에 부사관 지원을 반대했던 사람 중에 군 간부 생활을 경험해본 사람은 아무도 없었습니다. 주변에서는 아무것도 모르면서 본인들도 어디서 주워들은 것을 가지고 저를 만류했던 것이지요.

이번 법인 설립과정도 똑같았습니다. 주변에서 법인의 어려움을 토로하는 등 부정적인 의견을 준 사람 중에서 정작 법인사업자를 운영해본 사람은 아무도 없었습니다.

다들 프리랜서 교수나 개인사업자 정도의 저와 비슷한 수준이었으니, 법인에 대해 저보다 뭘 더 특별히 알지는 못했을 것입니다.

그래서 저는 실제 법인을 운영하고 계시는 주변 지인들만을 상대로 상담을 받아 보고, 나름대로 도서관에서 법인과 관련된 수많은 책을 찾아 읽어 보면서 지식을 쌓았습니다.

다행스럽게도 잘 모른 채 떠벌린 사람들의 우려와는 달리, 제가 사업하려는 건설기술 및 안전분야의 서류작성 대행 업역은 법적 필수 인력이나 사무실 면적, 자본금 액수 등의 제한기준이 따로 없었습니다. 그래서 과감히 법인 설립을 추진했습니다.

법인은 개인과 다른 하나의 가상 인격체라 할 수 있습니다. 사람이 태어나면 부모가 관공서에 출생 신고를 하듯이 법인을 설립하려면 발기인이 법원 등기소에 설립 신고를 해야 합니다.

그러면 법인이라는 하나의 가상의 인격체가 만들어지는 것이고, 이제 그 가상의 인물 명의로 사업을 하겠다고 국세청에 법인 사업자 등록하는 절차로 진행되는 것입니다.

사람도 태어나면 본적과 거주지가 있듯이, 법인도 설립하려면 본점 주소지가 있어야 합니다.

물론 경우에 따라서는 대표자의 자택 주소지를 법인 본점으로 적용할 수도 있는데, 이 경우 원론적으로는 법인의 사용 공간과 개인의 사용 공간이 명확히 분리되어 있어야 인정되는 등 까다로운 제약이 있습니다.

그래서 저는 법인 본점의 주소지를 제 자택이 아닌 강화도 농장의 농막으로 등록하였습니다. 비록 농막이지만 정식으로 군청에 가설건축물 축조 신고 승인받았기에 건축물로 등재가 되어 있어 가능했습니다.

또한, 법인 설립 목적에 엔지니어링 서비스업뿐만 아니라, 농업경영체이자 농협 조합원으로서 고구마 등 곡물 재배업도 사업영역으로 추가시켜 두었기에 농막에 대한 법적 사용 취지와도 어긋나지 않는다고 판단했습니다.

법인 설립 시 본점 주소와 목적

등기사항전부증명서(말소사항 포함)

| 등기번호 | ▨▨▨ |
| 등록번호 | 1▨▨▨▨▨▨▨▨ |

상 호	살펴봄 주식회사	. .
본 점	인천광역시 강화군 화도면 ▨▨▨▨▨	. .
공고방법	본 회사의 공고는 서울특별시내에서 발행하는 일간 아시아경제신문에 게재한다.	. .
1주의 금액	금 100 원	. .
발행할 주식의 총수	1,000,000,000 주	. .

발행주식의 총수와 그 종류 및 각각의 수	자본금의 액	변 경 연 월 일 등 기 연 월 일
발행주식의 총수 10,000 주 보통주식 10,000 주	금 1,000,000 원	

목 적
1. 곡물 및 과실작물 재배업
1. 건물 및 토목 엔지니어링 서비스업
1. 건설안전 컨설팅업

남들은 농지를 단순히 농사짓거나 땅 투자 목적으로만 생각할 때, 저는 이렇게 농막을 법인의 본점으로 활용하는 아이디어를 내었습니다.

단순한 시각에서 벗어나 농막의 용도를 더욱 넓게 해석하여 활용성을 200%나 효율적으로 활용한 것이지요.

법인 설립으로 과도한 소득세 과세 문제가 해결되었으니 출퇴근한다고 시간을 많이 빼앗기는 대면 업무보다는 자유로이 일할 수 있는 비대면 업무 영역을 더욱 키워보고자 했습니다.

여기저기 사업 홍보 활동도 많이 했지만, 무엇보다도 기술사이자 공학박사로서 건설공학에 대한 저의 전문성이 갖춰져 있다 보니 한 번 일을 맡긴 의뢰인이 다른 공사를 수주하면 계속 일을 맡기는 등 끊이지 않고 일감이 들어왔습니다.

저는 이제 본격적으로 비대면 서류작성 대행 사업을 주업으로 하는 디지털 노마드의 시대로 나아가기 시작한 것입니다.

법인 설립 후 비대면 사업 수주(계약서 작성 사례)

기 술 용 역 표 준 계 약 서

계약자	의 뢰 자	상 호	███건설(주)	사업자등록번호	1██████
		대 표 자	████	전 화 번 호	(██████
		주 소	████████		
	용 역 자	상 호	살펴봄 주식회사	사업자등록번호	6██████
		대 표 자	박 춘 성	전 화 번 호	0██████
		주 소			
계약내용	용 역 명	안전관리계획서 작성 - ██████조성사업 현장			
	용 역 범 위	안전관리계획서 작성 - 2022.11.17. 기 협의 제출된 견적서 조건에 따름			
	계 약 금 액	일금 ██백만원정 (W █,█00,000) - VAT포함			
	계 약 기 간	의뢰자가 용역수행 필요자료 제공 후 최대 10일 내			
	지 체 상 금 율	해당없음			
	지 급 조 건	성과품 납품 완료 후 2일 내 용역자 법인 계좌로 일시불 입금			

"의뢰자" ███건설(주) ████ 과 "용역자" 살펴봄 주식회사 대표 박 춘 성 은 위 계약 내용에 의하여 계약을 체결하고 신의, 성실의 원칙에 따라 성실히 계약상의 의무를 이행할 것을 확약하며, 이 계약의 증거로서 계약서를 작성하여 당사자가 기명 날인한 후 각각 1통씩 보관한다.

※ 별첨 : 견적서

2022 년 ██ 월 ██일

의 뢰 자(갑) : ███건설(주)
대표 ████ (인)

용 역 자(을) : 살펴봄 주식회사
대표 박 춘 성 (인)

디지털 노마드 삶의 시작

강의 등 대면 활동을 줄이고 비대면으로 건설공사 서류작성 대행 업무의 비중을 더 높여 보니 월 소득이 급격하게 상승했습니다.

이때 확실히 깨우친 진리가 하나 있는데 제대로 돈을 벌려면 개인을 상대하지 말고 법인을 상대해야 한다는 것입니다.

개인은 자기 돈을 지출하는 것이기에 지출을 매우 아까워하며 무조건 저렴한 것을 찾아 심사숙고하여 지출할 것이고, 또한 지출 가능 한도 금액도 제한적일 것입니다.

솔직히 저만 해도 돈 100만 원 정도의 비용을 지출한다면 돈 아까워서 결제할 때 카드 쥔 손이 부들부들 떨릴 테니, 다른 사람들도 저와 마찬가지일 것입니다.

하지만 법인은 다르지요. 법인은 내 돈이 아닌 회삿돈이고 법인세 정산할 때 필요 경비로 인정받을 수 있다면 절세 효과도 있기에, 필요하다 싶으면 그리 큰 고민을 하지 않고 바로바로 지출을 결정합니다.

프리랜서 기술사의 창조 인생

게다가 수백만 원 정도의 비용은 법인 입장에서는 소소한 금액이기에 더욱이 손쉽게 결제하게 됩니다.

그런 점을 종합해보면 어떤 사업 분야든지 일정 수준 이상의 돈을 벌려면 반드시 법인을 상대로 돈을 받아내는 업역을 찾아내야 할 것입니다.

법인을 설립하여 본격적인 비대면 사업을 하다 보니 어느덧 월평균 5~6,000만 원 정도를 벌기 시작했는데, 제가 직접 어디를 방문하고 누구를 만나는 등의 대면 활동이 거의 없다 보니 교통비 등이 들지 않아 지출은 오히려 줄어드는 긍정적인 효과가 있었습니다.

그리고 무엇보다도 돈으로도 살 수 없는 가장 소중한 자원인 '시간'이 매우 많이 확보되었지요. 저는 그 '시간'이라는 자원을 이용해 가족들과 여행도 더 많이 다니고 책도 더 많이 읽으며 행복과 자유를 만끽하게 되었습니다.

주력 업무를 비대면 사업으로 전환한 결과 소득과 시간 여유가 늘어나는 장점이 있지만, 오히려 시간이 많아짐으로써 발생하는 단점도 있었습니다.

외출하지 않아도 되어서 좋아하는 저와는 달리 가족들이 불편해졌다는 것이지요.

특히 와이프님이 가장 많이 불편해졌을 것입니다. 내색은 많이 안 했지만 남편이 온종일 집에만 붙어있는 것에 대해 엄청 부담을 느꼈을 것입니다.

솔직히 애틋한 신혼 시절이면 몰라도, 40대 중년의 부부가 온종일 내내 집구석에 같이 붙어 있으면 소소한 마찰이 나오기 마련입니다.

전업주부에게 있어서 집이란 가족들 모두 일터와 학교로 내보낸 후에는 혼자 여유 있게 커피 한잔할 수 있는 안락한 휴식처이기도 할 텐데, 남편이라는 작자가 온종일 집에 붙어 있으면 아무리 부부라 하더라도 약간의 불편함은 있을 수밖에 없겠지요.

특히나 매 끼니마다 밥 차려주는 것도 고역일 것입니다. 오죽하면 세끼 밥을 모두 집에서 먹으면 '삼식이(?)'라는 우스갯소리도 나왔겠습니까?

그리고 저 또한 불편하기는 마찬가지입니다. 여유 있게 놀 때도 있지만 정말 초집중하여 빨리 효율적으로 일 처리를 해야 할 때도 있습니다.

그런데 그 시간에 가족들은 거실에서 즐겁게 TV 보고 놀고 있으면 소리를 줄이라고 말하기도 좀 미안하고, 저는 저 나름대로 시끄러워서 일에 집중 안 되고, 서로 불편하기는 마찬가지랍니다.

역시 남자는 해가 떠 있는 동안에는 밖에 나가 있어야 한다는 옛말이 맞는 것 같습니다. 와이프님에게 최소한 낮 시간 만이라도 자유를 줘야지요.

이런저런 장단점을 겪으며 비대면 사업 업역을 완연히 정착시

커 나갈 즈음, 문득 이런 생각을 했습니다.

강화도 주말농장을 단순히 법인 주소지로만 사용하지 말고, 아예 사무집기를 옮겨놓고 평일에도 강화도 농장으로 출근하여 정말 내 법인 사무실로 사용하는 건 어떨까?

매일 출퇴근하기에는 다소 거리가 좀 있으니, 긴급하고 초집중이 필요한 일을 할 때 마치 고시생이 집중하여 공부하러 깊은 산속 사찰에 들어가듯이, 1박 2일 일정으로 농막에 들어앉아 외부 세상과 단절된 상태로 완전 초 집중하여 일을 처리하는 것이지요.

그리고 일 끝내고 귀가하는 길에는 강화, 김포 등 주변 여기저기 놀러 다니면 정말 이것이야말로 일과 여가의 균형을 갖춘 진정한 '워라밸'이 아닐까 싶었습니다.

저는 상대적으로 실행력이 빠른 편입니다. 그렇다고 아무 대책도 없이 움직이지는 않지만, 두어 번 생각해본 후 '맞다' 싶으면 빠르게 행동으로 옮깁니다.

농막을 정식 사무실로 사용하자는 아이디어를 며칠간 따져봤는데 안 될 게 없다는 결론이 나왔습니다.

문제는 책상, 의자 등 사무용품이었습니다. 컴퓨터야 노트북 들고 다니면 되는 것인데, 책상과 의자, 업무 편의를 위한 듀얼 모니터와 키보드 등은 매번 들고 다니기가 영 거추장스러웠습니다.

그래서, 이참에 자택의 제 서재와 강화도 농막에 양측 모두 노트북만 들고 다니면 언제든 업무를 볼 수 있도록 완벽한 사무환경을 구축해두기로 했습니다.

그래서 주변 중고 사무용품 판매장에서 저렴하게 7만 원에 중고 책상과 의자를 구입했고, 또한 강화도 내 자그마한 동네 컴퓨터 수리가게에서 단돈 2만 원에 쓸만한 중고 모니터를 하나 더 추가 구매했습니다.

이렇게 강화도 농장에 언제든 노트북만 들고 가면 비대면 서류작성 사업을 처리할 수 있도록 완벽한 이중 업무환경을 구축하게 되었습니다.

강화도 농장에 법인 본점 설립(농막에 법인 사무실 구축, 2022년 봄)

대면 업무 전면 중단

이전까지 저의 프리랜서 소득 업무 유형은 건설공학 전문 기술사 및 공학박사로서 대학교 및 건설업에 종사하는 분들을 대상으로 하는 법정 직무교육 강의와 각종 공공기관에 위촉되어 설계 심의, 기술 자문, 안전 점검을 하는 등의 100% 대면 업무였습니다.

그런데 2022년 6월부로 저는 혁신적인 제 삶의 변화를 위해 이러한 대면 업무를 전면 중단 선언했습니다.

정확히 말하자면 제가 정규 교수로 소속되어 있는 교육기관에만 월 1~2회 수준으로 최소한의 대면 출강만 유지하고, 그 외에는 모든 대면 업무는 일절 거절하기로 했습니다.

기존에 고정적으로 프리랜서 업무를 의뢰해 주셨던 각 기관의 담당자분들께는 기분 상하지 않도록 부득이 선의의 거짓말을 조금 섞어가며 최대한 정중히 양해를 구했습니다.

그 당시 저는 2021년 2월에 실시한 건강검진에서 심한 대사증후군 상태로서 방치하면 당뇨병으로 진전될 우려가 있다는 검진

결과에 화들짝 놀라서, 탄수화물을 전혀 섭취하지 않는 당질 제한식으로 식단을 확 바꿨는데, 그게 다이어트 효과가 좋아서 이전보다 체중이 갑작스레 10kg 이상 확 빠진 상태였습니다.

갑자기 핼쑥해진 얼굴로 기관 담당자분을 찾아가 요즘 체중이 갑자기 빠지는 등 건강이 너무 나빠져 한동안은 일을 쉬면서 건강관리 좀 해야겠다고 양해를 구했습니다.

모든 교육기관 담당자분들은 최근 급작스레 수척해진 제 모습을 보고서는 한결같이 진심으로 걱정해주시면서 빨리 건강 회복해서 다시 출강해달라며 좋게 말씀들을 해주셨습니다.

그럼 왜 갑자기 모든 대면 활동을 전면 중단했는지가 궁금하실 것입니다. 그 이유를 설명하겠습니다. 크게 2가지 이유가 있었습니다.

첫 번째 이유는 2022년도에는 어쩌다 보니 제가 과거 십수 년을 몸담았던 현대건설의 직원들을 대상으로 건설 안전 과목을 교육 출강하게 되었습니다.

사실 제가 소속되어있던 회사라서 같이 근무했던 선배님들이 많이 계시기에 껄끄럽게 강의실에서는 마주치지 않으려 여러 번 사양하였으나, 사정상 거절하지 못하고 어쩔 수 없이 2차례 출강하게 되었습니다.

강의실에 도착하여 미리 출석부를 훑어보니 역시나 우려했듯이 제가 20대 후반 군대 막 전역해서 콧물 찔찔 흘리던 말단 현채직 시절에 과장~차장 직급으로 같은 현장에서 근무했던 하늘 같은 선배님들이 수두룩하게 수강생 입장으로 강의실에 앉아계셨습니다.

15년 전에는 현대건설에서 같이 한솥밥 먹던 정규직 과장~차장님과 갓 입사한 콧물 찔찔 흘리는 최말단 현채직의 관계였는데, 시간이 흘러 15년 후에는 이렇게 강의실에서 교수와 수강생의 관계로 다시 만나게 되었으니 이 상황이 얼마나 뻘쭘했겠습니까?

솔직히 가끔 이런 순간을 상상하기도 했었습니다. 그러면 과거 회사의 선배님들에게 보란 듯이 멋지게 성공한 저의 모습을 뽐뽐 거리며 자랑질하면 기분이 좋을 것이라 생각했었습니다.

그런데 막상 그런 상황이 현실이 되니 기분이 굉장히 찜찜했습니다.

감정이 오묘했는데, 핵심만 요약하자면 굉장히 껄끄럽고 불편했으며, 선배님들께 괜스레 죄짓는 기분이었습니다.

콧물 찔찔거리던 저에게 건설 현장 실무에 대해 기본부터 하나하나 가르쳐주셨던 하늘 같은 고참분들이었는데, 그분들을 앞에 앉혀놓고 제가 교수 역할을 하려니 정말 바늘방석에 앉은 기분이었습니다.

나름 성공해서 교단에 서 있던 저도 이렇게 불편하고 뻘쭘했는데, 수강생 입장으로 저에게 교육받으시는 고참 선배님들의 심정은 오죽 자존심 상했겠습니까?

여태껏 근 5년 정도를 프리랜서 기술사로 활동해오면서 이렇게 불편을 느꼈던 기억이 없었습니다.

전 직장의 하늘 같은 선배님들 앞에서 강의하던 날(2022년 6월)

   대면 활동을 중단하게 된 두 번째 이유를 말씀드리겠습니다. 사실 두 번째 이유는 별거 아니라, 그냥 제가 하고 싶은 거 하면서 살아보고 싶었습니다.

   비대면 서류작성 대행 사업을 시작한 이후에 소득이 급격히 증가하면서 어지간한 대기업 직장인 연봉을 한 달이면 벌어들이다 보니, 경제적으로 여유가 생기면서 가성비 안 맞는 대면 활동을 모두 거절하게 되었고, 대면 활동을 안 하다 보니 구태여 꼭 수도권에 터를 잡고 눌러앉아 있을 필요가 없어진 것입니다.

   그 와중에 최근 1~2년 사이에 한창 젊은 지인들이 질병이나 사고로 갑작스레 세상을 떠나는 충격도 있었고, 그 덕에 참으로 인생이 짧고 허망하다는 생각이 많이 들었습니다.

   그래서 저는 현실적으로 실현 가능한 범위 내에서 제가 하고 싶었던 일을 한번 실행해보자고 생각하게 되었습니다.

   어차피 돈벌이야 노트북만 있으면 어디서든 일할 수 있고, 또한 지금까지 벌고 모아서 투자해 놓은 자산을 정리하면, 평생 밥은 굶지 않고 살 자신도 있었기에 더욱 과감히 결정할 수 있었답니다.

제가 꿈꾸는 완전히 자유로운 삶이란, 경치 좋고 한적한 해안가 시골 마을의 아름다운 전원주택에서 가족들과 여유있게 노닥거리며 여생을 보내는 것이었습니다.

저는 현대건설 재직 시 건설공학 중에서도 항만 및 해안 건설 현장에서 주로 근무를 했었기에, 맑고 투명한 바닷가를 보면 마음이 설레이고 기분이 좋아진답니다.

괌이나 하와이, 오키나와 같은 따듯한 남쪽 나라 해안가라면 더 좋을 듯합니다.

어찌 보면 강화도 해안가 인근에 농막 짓고 주말농장 운영했던 것도 이 로망을 이뤄나가는 하나의 과정이었는데, 강화도에서 겨울을 3번 겪어보니 북쪽 섬나라에서의 겨울은 아주 혹독하더라고요.

하지만 해외에서의 주말농장은 언어나 비용 등 모든 측면에서 현실성이 없었고, 그나마 현실적으로 실행 가능한 선택지는 바로 우리나라의 최남단, 제주도였습니다.

프리랜서 기술사의 창조 인생

2장

제주도까지

제주도 법인 사옥에서의 현재 모습들

프리랜서 기술사의 창조 인생

4절

강화에서 제주까지

강화도를 선택했던 이유

한 30대 중반 때부터인 것 같은데, 시골에서 살아본 적이 한 번도 없던 제가 어느 순간부터 경치 좋고 한적한 시골의 삶을 꿈꾸고는 했었습니다.

구태여 객관적으로 이유를 분석해 보자면 아마도 20대에 근 6년간을 경기도 최전방 판문점 인근에서의 지냈던 군 시절에 대한 향수인 것 같기도 하고, 또한 30대 직장인 시절에 유일하게 즐겨보던 '코리아헌터'나 '나는 자연인이다' 등의 TV 프로그램 영향도 있었던 것 같습니다.

결정적으로 이를 실행에 옮기게 된 기폭제는 코로나19로 인한 통제와 격리였습니다. 다들 기억하시겠지만, 코로나19 초창기에는 모든 여행지와 관광지가 다 문을 닫고 통제되었지요.

그즈음 놀러 갔던 지인의 강원도 춘천 컨테이너 주말 별장에서의 간접경험과 지인의 조언으로 저도 큰 용기를 얻어, 드디어 우리 가족만의 안식처로 사용할 주말농장을 만들기로 했습니다.

그렇게 2020년 5월에 130여 평 농지를 매입해 컨테이너 하나 가져다 놓은 강화도 주말농장 프로젝트는 처음 시작되었고, 여기에 재미를 붙여 2021년에는 제대로 농사 한 번 지어보겠다고 405평 농지를 매입해 값비싼 철골 판넬 구조로 농막을 신축하게 된 것이지요.

이러한 내용은 앞장에서 모두 설명했으니 여기서 줄이겠으며, 이제 이번 챕터의 본론을 말씀드리겠습니다.

제가 강화도를 주말농장으로 선택했던 이유는, 현재 거주지에서 1시간 내 오갈 수 있는 거리이고 땅값도 상대적으로 저렴해서입니다.

또한, 평일에는 수도권 지역에서 강의 등에 대면 프리랜서 업무를 수행해야 해서 그런 것도 있지만, 강화도 농장을 선택한 가장 궁극적인 이유는 주말마다 가족들과 함께 시간을 보내기 위해서였습니다.

그나마 근거리에 있어야 가족들이 부담 없이 같이 따라올 것으로 예상했었던 것이지요.

가족들도 한 1년 정도는 관심과 흥미를 느끼고 잘 동참해 주었습니다. 날씨 좋은 봄, 가을에는 주말마다 친척이나 친구 가족들 초대하여 내 땅에서 멋진 자연풍광 바라보며 고기 구워 먹으니 얼마나 재미있었겠습니까.

그런데 그 짓(?)도 한 1년 이상 해보니 별 흥미가 없어진 것입니다. 아무리 경치 좋고 공기가 좋아도 결국 농막은 농막일 뿐, 호텔이 아니었기에 공간이 좁아 잠자리도 불편하고, 설거지나 청소도 온전히 가족들의 몫으로 남다 보니 와이프님과 아이들이 같이 오는 주말은 점점 뜸해져 갔습니다.

급기야 큰아이가 중학생이 되니 주말에도 체육 특별활동을 해야 한다느니, 학원 숙제를 해야 한다느니 하면서, 매주 같이 왔던 가족들이 주말농장 2년 차에는 격주로 오더니 3년 차부터는 한두 달에 한 번꼴로 띄엄띄엄 오는 것입니다.

저도 눈치가 있는지라, 대략 분위기를 보아하니 그나마 아이들은 사촌 형제나 친구들과 밤새도록 놀 수 있어 아직은 주말농장 오는 것을 좋아라 하는데 반해, 와이프님은 좁고 불편하여 오기 싫지만 어쩔 수 없는 의무감에 최소한의 빈도로 억지로 같이 오는 것 같았습니다.

2022년 따스한 5월 어느날, 강화도 주말농장 3년 차. 늘 그렇듯 주말에 저 혼자 농장에 묘목과 상추 등 쌈 채소를 심고 있었는데 문득 이런 생각이 들었습니다.

'어차피 나 혼자 오갈 거라면 더 멀리 가보는 건 어때?'

그렇습니다. 어차피 가족들은 1~2달에 한 번 올까 말까 하고 저 혼자만 주말마다 다니는데 이제는 구태여 강화도라는 특정 지역에 한정해 있을 필요가 없다 싶었습니다.

마침 그 시기가 앞서 설명해 드렸다시피 비대면 사업이 확장되어 개인사업자에서 법인사업자로 넘어가서 완연한 디지털 노마드로 서서히 자리매김해가던 시기였습니다.

이제는 지역에 상관없이 노트북만 있으면 돈벌이할 수 있겠다, 가족들도 어차피 잘 안 오겠다, 게다가 소득과 시간 여유도 크게 늘었겠다, 이 모든 것을 종합해보니 구태여 강화도로 한정하여 묶여있을 필요가 없다는 결론이 나온 것이지요.

그럼 강화도 대신 어디가 좋을까? 생각을 또 해봤습니다. 곰곰이 생각해보니 강화도의 가장 큰 단점은 겨울의 혹독한 추위입니다.

겨울에는 하루 이틀만 수도시설 사용 안 하면 수도관이 죄다 얼어붙어서 수돗물이 안 나올 정도입니다. 그래서 농막은 12월부터 3월까지 겨울철에는 아예 수도 계량기에서 잠가놓고 동파되지 않도록 배관 내에 잔류수를 모두 빼두어 사용하지 않습니다.

그렇다면 다른 지역을 알아보더라도 일단 추운 북쪽 동네는 제외하고 따뜻한 남쪽 동네 위주로 생각하게 되었습니다.

'따뜻한 남쪽 동네라…. 이왕이면 한겨울에도 가장 따뜻한 곳이 어딜까? 제주도 어때?'

큰 고민이나 깊은 생각 없이 갑자기 훅 떠오른 생각이었습니다. 사실 대부분이 제주도는 비행기를 타고 바다 건너야 하기에 여행으로만 생각하지 주말의 세컨드 하우스로는 생각하지 않을 것입니다. 저 또한 그랬고요.

하지만 누구나 제주 한 달 살기 정도는 한 번씩 꿈꿔보시잖아요? 대부분 직장인은 회사라는 시간과 공간에 얽매여 있으니 현실적으로 불가능할 것이고, 아직 취업 안 한 젊은이나 젊은 주부 등 직장을 안 다니는 이들이 몇몇 한 달 살기를 도전하고는 있지만, 솔직히 직장 다니는 사람들도 여건이 안 될 뿐이지 마음으로는 누구나 제주 한 달 살기 정도는 한번 해보기를 간절히 원하실 것입니다.

막연히 제주도만 생각한 것은 아니고, 거제도나 여수, 통영, 완도 등의 다른 남도 지역도 생각은 해봤습니다. 그런데 알아보면 아시겠지만, 남도의 한적한 지역은 교통편이 아주 골치 아픕니다. 불편하기 짝이 없습니다.

차를 몰고 다니자니 매주 장거리 운전은 엄청난 중노동이고, 항공기와 KTX는 들어가지 않는 곳도 많지만 있더라도 시간대가 뜸하게 있기 때문이지요.

하지만 제주도는 여행객이 별로 없는 비수기 평일날에도 5분 간격으로 비행기가 뜰 정도로 매우 많은 항공편이 확보되어 있습니다.

제주공항에서 내린 이후의 경로만 잘 설정하면 아주 편리한 대중교통(?)인 비행기를 이용해 쉽게 수도권과 오갈 수 있는 것입니다.

제주도 임장 여행

저는 실행력이 빠른 편입니다. 그렇다고 앞뒤 안 가리고 무턱대고 들이대는 성격은 아니지만 나름 계산해보고 되겠다 싶으면 구체적인 계획을 세우고 계획대로 빠르게 실행에 옮깁니다.

강화도 주말농장에 어차피 가족들은 자주 안 올 거라면, 비대면 사업으로 장소에 묶여있을 필요가 없는 상황에서 구태여 집에서 근거리라는 이유로 강화도에 계속 있을 이유가 없었습니다.

그때 문득 생각난 곳이 따듯한 남쪽 섬나라 제주도였고, 그래서 인터넷으로 손품을 팔면서 제주도의 부동산 시세를 알아보기 시작했습니다. 백문이 불여일견이라고 아무리 열심히 손품 팔고 전화 상담받아 보아도 실제 두 발로 가서 두 눈으로 살펴보는 것이 필요합니다.

그래서 날 잡아서 제주도에 부동산 현지답사를 목적으로 하는 여행을 다녀오기로 마음먹었습니다.

그때가 2022년 6월 첫 번째 주였는데, 마침 주말에 가족들과 춘천 여행을 계획하고 있었습니다.

작은아이가 레고를 좋아하는데 최근 신규 개장한 레고랜드에 가보고 싶다 하여 겸사겸사 1박 2일로 춘천 여행을 다녀오기로 했던 것이지요.

제주도에 대해 제 나름대로 생각이 정리된 후 가족들에게 제안했습니다. 6월 중에 1박 2일로 제주도 부동산 답사하러 갔다 올 예정인데, 만약 가족들이 원한다면 춘천 여행은 취소하는 대신 제주 일정을 4박 5일로 늘려 부동산 임장 겸 가족여행을 다녀오는 것은 어떨지 의견을 물었습니다.

역시나 예상대로 가족 모두 고민 없이 제주도를 따라가겠다고 나섰습니다. 뭐 상식적으로 생각해도 춘천이야 언제든 차로 2시간이면 갈 수 있는 곳이고, 제주도는 아무리 같은 국내라 하더라도 날 잡고 마음 잡아야지만 갈 수 있는 곳이기에 당연한 결정이었지요.

그래서 애초 1박 2일로 빽빽이 잡아두었던 부동산 임장 일정을 중간중간에 여행지 관광 일정을 집어넣어서 제주도를 반시계 방향으로 한 바퀴 돌면서 부동산 임장 겸 가족 여행하는 코스로 세부 계획을 세웠습니다.

기본적으로 각 지역마다 공인중개사사무소를 미리 검색하여 방문 예약해두었고, 그 외에도 여행 다니다가 마음에 드는 동네가 있으면 동네 공인중개사사무소를 추가 방문하기로 했습니다.

제주도 부동산 임장 겸 가족여행 계획 일정표

날짜	시간	일정	내용					비용
6/9 목	17:00	출발. 택시이용						3.5
	18:55	김포공항 제주항공 7C137	예약번호 : DDQDFR , K7LY5G					27.4
	20:30	택시타고 숙소이동	탑아일랜드호텔, 용남1길47, 064-755-1333, 예약 : 14117428					4.5
6/10 금	기상 후	독서						
	8:00	도보 산책	용두암 찍고, 렌터카 빌리러...					
	9:00	용두암 렌트카	아반떼AD, 가스, 064-711-0388, 용해로74					20.6
	9:30	호텔에서 가족 픽업	체크아웃					
	10:00	애월읍 인근 공인중개사	전원주택 매물 답사					
	10:30	단소	11시부터인데, 미리 줄서있어야 함. 여차하면 가족은 단소에서...					6
	12:30	한림읍 공인중개사	한림읍 대림리1789					
	14:00	소길별하	애월읍 소길리 1056, 070-8691-3437					3.2
	16:00	연돈	사람 많으면 지나가고...					
	16:00	숙소	서귀포 올레휴, 전지로13, 064-762-9102, 예약 : 14117469					4.3
	17:00	올레시장	시장구경, 저녁식사					6
6/11 토	5:00	출발						
	9:00	한라산 영실코스	9시경 하산					
	10:00	중문, 서귀포 주변 나들이	이중섭거리, 미술관 등					
	11:00	돌담 흑돼지	등 등.. 가볼만한 곳.. 먹을만한 곳...					
	16:00	숙소	서귀포 올레휴, 전지로13, 064-762-9102, 예약 : 14117469					4.3
	17:00	올레시장	저녁식사					6
6/12 일	9:00	출발						
	10:00	노바운더리 제주	빽가 카페					4
	12:00	성산일출봉	해녀의 집 점심, 여차하면 등산					5
	14:00		제주 동쪽 지역 가볼만한 곳					
	16:00	숙소	제주와요펜션, 조천읍 조천남4길4, 064-744-7826					5.5
			한달살기(7월) 가능여부 상담 (비용?, 와이파이?)					
	17:00	하나로마트	마트에서 장봐서 바비큐 귀 먹기					5
6/13 월	9:00	함덕 가빈 공인중개사	조천읍 신북로 479, 주택 매물 답사					
	11:00	용두암렌트카, 차 반납	064-711-0388, 용해로74					
	13:00	제주공항 에어부산 BX8090	예약번호 : 9254370 , 9254371					34.2

여비 소계   136

2022년 6월 9일 목요일. 오후에 서울에서 출강이 있어 강의 마치고 바로 김포공항으로 이동해 저녁 비행기로 제주도로 날아갔습니다. 첫날은 저녁 늦게 도착했으니 제주공항 인근 호텔에서 하루 묵고, 다음날부터 본격적으로 임장 여행을 시작했습니다.

위에 첨부한 일정표를 기본으로 중간중간 괜찮은 동네가 있으면 부동산 답사를 추가하여 제주 시내를 시작으로 애월읍 ~ 한림읍 ~ 서귀포 ~ 남원읍 ~ 성산읍 ~ 구좌읍 ~ 조천읍의 순서로 여러 공인중개사사무소를 방문하면서 매물을 답사했습니다.

부동산 매물을 살펴보기 전에 시간 절약을 위해 우선 공인중개사에게 다음과 같은 원하는 매물 조건을 설명했습니다.

1. 시내(또는 읍내) 번화가는 제외. 제주도까지 왔는데 번화가에서 지낼 것이라면 별 의미가 없음.

2. 타운하우스 등 공동소유 매물 제외. 대부분의 타운하우스는 1개 필지에 공동명의로 지분 매수하는 형태라서 나중에 되팔려 해도 처분이 어려움. 따라서 혹시라도 나중에 손쉬운 처분을 위해서는 단독 필지에 단독 소유의 건물이어야 함.

3. 창 밖으로 조금이라도 바다가 보이고 바닷가와 도보 10분이내. 주변 경치가 좋아야 함. 유해시설이 있는 곳은 제외.

4. 매매가 최대 5억 원 이내. 위 조건에 부합되면 평수, 층수, 년식, 지역 상관없이 현지 방문하여 답사 예정.

이러한 내용을 축약하여 아래와 같이 XLS로 타이핑한 후 사진 찍어 현지 공인중개사들에게 문자메시지 보내두었고, 그에 해당하는 매물이 있다고 응답이 온 곳을 여행 일정에 맞춰 지나면서 답사한 것이지요.

제주 부동산 답사 조건 - 현지 공인중개사에게 문자메시지 보낸 사진

```
     B        C        D        E        F        G        H

< 매수 희망 주택 사양 >

1. 용도 : 법인사무실(본점) 및 대표자 가족 숙소
2. 주택 유형 : 주택 외에도 아래 조건만 맞으면 근생도 가능
3. 주거인원 : 평시 1인 , 월 1회 정도 2가족 숙박
4. 입지 :
  1) 제주공항에서 대중교통으로 1시간 이내
  2) 해안에서 약 1km이내 (도보15분)
  3) 인적없는 외딴 지역은 지양
5. 비용
  1) 최대 5억원 이하
  2) 대출은 가능한 최대한 예정
  3) 법인 명의와 개인 명의 중 취득세율 낮고 대출 많이 나오는 명의로 계약예정
6. 기타
  1) 외관은 한옥(전통식), 양옥(근대식) 큰 상관없음
  2) 마당과 지붕(옥상) 활용도 높으면 좋겠음
```

　제주 임장 여행 두 번째 날, 이런 조건으로 애월읍과 한림읍 일정을 마치고 서귀포로 넘어가던 중에 예전 현대건설 다닐 적 3년 정도 같은 현장에서 근무한 적 있는 은퇴하신 선배님을 예정에 없이 만나 뵙게 되었습니다.

　계획에 전혀 없던 일정인데, 제주도 여행 중이라는 제 페이스북 게시물을 보시고서 선배님께서 먼저 연락을 주셨던 것입니다.

　그 선배님은 57년생으로 현대건설에서 정규직 과장으로 퇴직 후 다시 계약직 차장으로 재입사하여 60세 넘어서까지 일평생을 현대건설에 몸담아오신 대 선배님이셨습니다.

대부분 정규직은 50대 중반을 넘길 수 없는데, 정년에 얽매이지 않는 계약직인 데다 남들이 꺼리는 어려운 후진국 해외 현장에서 주로 근무하셨기에 그 덕분에 60세 넘어서까지도 직장인으로 월급을 받을 수 있었던 것이지요.

그렇게 일평생을 현대건설에 종사한 후 환갑 넘어 자녀도 다 키우셨고 해외에서 돈도 좀 모아두었으니 이제는 은퇴해서 여유를 즐기시겠다고 서귀포 대정읍에 전원주택을 한 채 마련하여 홀로 제주도 전원생활을 즐기고 계셨습니다.

어찌 보면 제가 이제부터 시작하려는 제주살이에 참조할만한 좋은 선례이기도 해서, 선배님의 초청을 받자마자 일정을 조정해 바로 댁에 찾아뵈었습니다.

선배님께서는 맛있는 제주 흑돼지 근고기를 구워주시며 술상을 차려주셨고, 오랜만에 이런저런 옛날이야기를 나누었습니다.

마지막으로 같이 근무했던 때가 2014년이었는데 근 8년 만에 다시 뵙는 것이지요.

흘러간 옛 건설 현장에서의 추억들은 물론 같이 근무했던 직원들의 안부들을 서로 묻고 들으며 오랜만에 추억에 젖어 즐거운 시간을 보냈습니다.

적당히 술이 올랐을 즈음 저도 선배님처럼 제주도에 전원주택 한 채 마련해 매주 왔다 갔다 하면서 지내보려 한다고 말씀드리고 조언을 구했습니다.

디지털 노마드로서 비행 중에도 업무 수행 - 2020년 6월 9일

서귀포에서 전원생활 중인 퇴직하신 선배님과 술자리 - 2020년 6월 10일

　　선배님은 제주살이가 너무 좋다며, 공기도 다르고 경치도 좋고 아주 만족스럽다고 하셨습니다. 서울에 볼일 있을 때는 공항에 주차해놓고 며칠 갔다 오면 되니까 크게 불편한 것도 없고, 다만 제주도는 바람이 많이 부는 것과 태풍만 조심하면 된다고 조언해 주셨습니다.

　　비록 짧은 두어 시간이었지만 은퇴하신 60대 선배님의 제주도

전원생활 즐기시는 모습을 보면서, 저는 60대는 너무 늦고 40대부터 전원생활을 즐겨야겠다는 마음의 결정이 더욱 확실해졌습니다.

술자리 마치고 예약해둔 서귀포 올레 시장 인근 호텔에서 숙박했는데, 다음 날 아침 일찍, 어제 지나왔던 한림읍 소재 공인중개사로부터 연락이 왔습니다. 제가 원하는 조건에 적당한 매물을 찾았으니 보러 오라는 것이었습니다.

서귀포에서 한림읍이면 근 1시간 거리인데 다시 왔던 길을 역주행하는 불편함이 있지만, 어쨌든 이번 여행의 목적은 관광이 아닌 부동산 매물 답사였기에 바로 넘어가기로 약속했습니다.

가족들은 저와는 다르게 다들 늦잠 많은 게으름뱅이(?)라서 오전에 저 혼자 한림읍 매물 보고 올 테니, 늦게까지 푹 자고 심심하면 호텔 옆 올레 시장이나 구경하고 있으라 하고 홀로 렌터카를 몰고 한림읍으로 향했습니다.

사무실에서 공인중개사를 만나 간단히 매물에 대한 브리핑을 듣고, 바로 현지답사를 나갔습니다. 주변에서부터 푸르른 밭이 쫙 펼쳐져 있는 것이 딱 제가 원하는 풍경이었습니다.

토지도 비록 생산관리지역이지만 그래도 농림지역이 아닌 나름대로 투자가치 있는 관리지역이어서 좋았고, 무엇보다도 넓고 푸른 밭이 펼쳐진 주변 경치가 참 좋았습니다.

건축물은 2층짜리 단독주택인데 건물 외관도 신축한 지 5년밖에 안 되어 깔끔하고 산뜻한 느낌이었습니다.

게다가 해안가와도 가까워 걸어서 3분이면 아름다운 쪽빛 바다를 볼 수 있는 게 참 좋았습니다. 2층에 올라서면 푸르르고 넓은 녹색 밭 풍경이 쫙 펼쳐져 있고, 남서쪽으로는 조금 거리는 있지만 비양도와 앞바다가 눈에 들어오는 게 마음에 들었습니다.

한림읍 매물 2층 테라스에서의 풍경

매물 가격이 3억8,000만 원이었는데, 토지의 평단가 시세와 신축공사비를 고려하면 비싼 가격은 아니라 생각되었고, 이 가격에 이 정도 경치라면 가성비 측면에서는 괜찮다고 판단했습니다.

하지만 제 마음에 든다고 혼자서 바로 결정할 수는 없지요. 물론 어차피 거의 저 혼자 지낼 집이니 제가 결정하기 나름이지만, 그래도 3억8,000만 원이라는 거금을 쓰는데, 예의상이라도 와이프님과 상의하는 척이라도 해야겠지요.

그래서 와이프님에게 전화를 걸어 매물이 마음에 든다고 설명했습니다. 전날 살펴봤던 매물에 비교해 상당히 괜찮은 조건인데 같이 한번 둘러보자고 부탁했습니다.

그러면 제가 다시 서귀포로 픽업 가서 가족과 함께 매물 재답사한 후 다시 다음 코스로 여행하려면 시간이 부족하여 그냥 하루는 여행 일정을 공치는 것이라 와이프님은 약간 번거로워했지만, 그랬다가 정말 제 마음대로 이상한 거(?) 덜컥 계약할까 걱정되었는지 같이 보겠다고 데리러 오라고 했습니다.

어쨌든 제주도에 전원주택 사두면 아내도 친정 식구나 친구들 데리고 놀러 올 것 뻔한데, 어디서 괴상망측한 집을 살까 봐 걱정되기는 했나 봅니다.

그래서 공인중개사에게 양해를 구하고 오후에 가족 데리고 한번 더 방문하기로 약속했습니다.

다시 1시간 걸려 서귀포로 가서 가족 데리고, 어차피 점심시간이라 전복 맛집에서 점심 먹고, 오후에 다시 한림읍 매물 보러 돌아왔습니다.

한림읍 전원주택의 저녁노을 풍경 및 인근 바닷가 풍경

다행히 와이프님도 일단 집 외관부터 나쁘지 않다고 했고, 집 내부는 기존 살고 있는 세입자들의 짐짝이 너무도 많아 정확하게 판단하기는 어려우나 1층에 방 2개와 주방, 화장실이 있고, 2층에도 큰 방과 큰 주방, 화장실, 세탁실, 테라스가 있어 구조는 나쁘지 않다고 했습니다.

확실한 만족의 표현은 아니었지만 어제 봐왔던 집들보다는 마음에 든다는 표현이었고, 결정적으로 집 주변 바닷가를 걸어보면서 아내의 마음도 확연히 움직인 것 같습니다.

위 우측 사진이 그날 찍은 사진인데, 도보 3분 거리에 이름 없는 해변에서 동네 아이들이 물놀이하는 모습을 보니 저도 그렇고 아내도 그렇고 아주 만족스러운 생각이 들었습니다.

'아~ 이래서 제주도를 찾는구나'라는 생각을 하게 되었습니다.

어차피 이날은 더 이상 다른 여행하기에는 공쳤으니 서귀포로 돌아가 올레 시장 구경하며 시간 보냈고, 다음날에는 남원읍과 성산읍 부동산을 답사갔습니다.

결과적으로 두 지역 모두 전날 봤던 한림읍 매물만은 못했습니다. 부동산 임장 다니면서도 꿋꿋이 유명 관광지들 둘러보고 맛집 찾아다니며 잘 놀고 잘 먹었습니다.

특히 성산읍에서는 일출봉 오르는 것은 물론이요, 우리 가족이 매번 제주 여행올 때마다 들리는 성산 해녀의 집에서 싱싱한 해산물에 소주 한잔 걸쳤으며, 그 주변을 산책하다가 우연히 올레길 1코스도 조금 걸어봤습니다.

성산읍 부동산 임장하면서 일출봉과 올레길 관광

제주도에는 대여섯 번 여행해 왔었지만 올레길을 걸어본 것은 이때가 처음이었습니다. 성산 일출봉에서부터 성산항까지의 코스를 짧으나마 한 시간 정도 걸어봤는데, 그때 봤던 그 성산의 멋들어진 자연 풍경을 잊을 수가 없습니다.

이로 인해 저의 새로운 인생 목표가 또 하나 추가된 것이지요.

"올레길 전 구간 완주! 언제부터? 제주도에 세컨드 하우스 입주한 때부터~!"

다음날은 제주 북서쪽으로 넘어가 구좌읍과 조천읍의 부동산을 둘러봤습니다. 우선 구좌읍은 적당한 매물이 거의 없었습니다. 너무 비싸거나 아니면 공동소유의 타운하우스로 저의 검색 조건에 맞지 않았습니다.

그런데 조천읍에서는 또 하나 마음에 드는 매물을 발견하게 되었습니다. 조천항 인근의 읍내에 있는 2층짜리 단독주택인데, 비록 읍내에 있다는 것은 별로였지만, 그 외에 조건들은 마음에 들었습니다.

바로 1분 걸어 나가면 조천항을 비롯한 해안이 있고, 주변에 경치도 나쁘지 않고, 건물도 2층으로 연식은 한 10년 되었지만 별문제는 없었습니다.

특히나 2가지 큰 장점이 있었는데, 첫 번째는 매매가가 3억 2,000만 원으로 앞서 봤던 한림읍 매물보다 1억6,000만 원이나 더 싸다는 것이고, 두 번째는 실내에 있는 가구와 전자제품까지 그대로 포함해서 매도한다는 조건이었습니다.

그 건물은 민박 펜션으로 이용 중이었기에 내부에 기본적인 살림살이는 물론, 고급 안마의자도 놓여 있었습니다.

한림읍 매물은 주변의 경치가 끝내주는 전형적인 제주도 해안가의 전원주택 풍경이었다면, 조천읍 매물은 주변에 오밀조밀하게 다른 주택들이 모여 있는 시골 도심지였지만, 제주도 어촌마을의 감성을 느낄 수 있는 풍경이었습니다.

프리랜서 기술사의 창조 인생

현장에서 즉답할 수는 없기에 검토 후 수일 내로 연락해주기로 하고 숙소로 향했습니다. 마지막 밤 숙소는 조천읍의 한 펜션이었는데 저녁에 야외에서 숯불에 흑돼지 구워 먹으며 가족들과 마지막 밤을 행복하게 즐겼습니다.

다음날 4박 5일간의 난생처음 제주 부동산 임장 여행을 마치고 송도국제도시 자택으로 귀가했습니다.

귀가 직후부터 제주도에서 둘러본 수많은 부동산 중 가장 마음에 들었던 한림읍과 조천읍의 2층 단독주택을 놓고 이런저런 비교분석을 해봤습니다.

토지이용계획을 조사하여 용도지역 및 지목, 공시지가를 조사하고, 토지 실거래가 자료를 검색해 인근의 현황 시세를 분석했고, 토지대장과 건축물대장은 물론 등기부등본을 발급받아 여러모로 장단점을 분석해봤습니다.

예상외로 결론은 쉽게 났습니다. 주요 고려사항으로 가격, 토지 용도지역, 장래 지가 상승 가능성 등 크게 몇 가지 쟁점을 비교해봤는데, 매매가격을 제외하고는 모두 한림읍 매물이 우세했습니다.

부동산은 결국에는 토지, 즉 땅입니다. 아무리 건물이 마음에 들고 내부 인테리어를 잘해놓아도, 결국 영원히 남는 것은 땅입니다.

그래서 눈에 보이는 가격과 건물의 상태보다는 눈에 보이지 않는 땅의 가치를 제대로 파악하는 게 중요하지요.

다행히도 저는 여러 번의 토지 거래 경험이 있다 보니 땅에 대해 알아보는 방법과 장래성을 짐작하는 방법을 아주 조금은 깨우치고 있었습니다.

비교분석 결과 토지의 면적과 활용성, 장래 지가 상승 가능성에서 한림읍의 토지가 현저히 우수했기에 더 고민할 게 없었습니다.

게다가 결정적으로 저는 이번 제주도 매물은 저의 개인 명의가 아닌, 법인의 명의로 매수하여 법인 본점 사무실로 사업자등록 이전하려고 계획했습니다.

그 측면에서 봤을 때 조천읍과 한림읍 매물 둘 다 현재 주택으로서 법인이 매수할 수 없는 상태였지만, 한림읍 매물은 기존 소유자가 근린생활시설 사무실로 용도변경을 해준 후 매매하는 것으로 협의가 가능했습니다.

하지만 조천읍 매물은 인허가 도면에 주차장으로 표시된 곳을 목재데크 깔고 테라스로 사용 중이어서, 용도변경 신청 시 불법 증축 지적 우려가 있어 기존 소유자가 근린생활시설로 변경을 꺼려했던 상황이었습니다.

그리고 한림읍 매물이 3억8,000만 원으로 상대적으로 비싸다고는 하지만, 최근 급격한 인플레이션과 러시아~우크라이나 전쟁으로 인한 건축 원자재가 상승을 고려하면 건축비가 확연히 증가하여, 현재 시점에서 이만한 건물을 신축하려면 최소한 토지값 포함 4억4,000만 원은 있어야 한다고 판단했습니다.

물론 저 혼자만의 생각입니다만, 한림읍 매물을 같은 조건으로 신축하려면 4억4,000만 원이 필요한데 3억8,000만 원에 이미 지어진 건물을 살 수 있다면, 투자 측면에서는 사자마자 오히려 6,000만 원의 자산가치가 증가하는 이로운 상황이라 판단했습니다.

뭐, 믿거나 말거나…. 뭐든 한 번 콩깍지가 씌면 자기가 보고 싶은 모습만 보이는 게 사람의 심리이니까요.

조천읍 매물 자체 비교 분석자료

	A	B	C	D	E	F	G	H	I	J
1		**조천읍**								
2		토지면적	145 m2		43.87292 평		실건물	m2		평
3		건폐율	60%	가능면적	26.32375 평		1층		53.8	16.27837
4		용적율	150%		65.80938		2층		25.2	7.624811
5		고도제한	20m		2.5				79	23.90318
6			22평짜리 건물을 3층까지 건축가능							
7										
8		토지가격	평당	300	13161.88		2016년 매매가			27500
9		건물가격	평당	600	14341.91		**현재 매매가**			**32000**
10		가구, 집기류			5000		차이			4500
11					32503.78		년간 상승액			750

한림읍 매물 자체 비교 분석자료

	A	B	C	D	E	F	G	H	I	J
1	**한림읍**									
2							<근생 변경하여 대출 가능>			
3		매매가	38000			대출	21000 하나은행 기준			
4		중개료	152			보유자금	12000			
5		법무사	30			부족	8654 3달 후 잔금 가능			
6		취득세(㈜	5016	13%						
7		취득세(근)	2472	4.40%						
8		건축사	1000							
9		총 매가(㈜	43198	13%						
10		총 매가(근	41654	4.40%						
11										
12		토지면적	369 m2		111.649 평			실건물	m2	평
13		건폐율	20% 가능면적		22.3298 평			1층	50.21	15.1921
14		용적율	100%		111.649			2층	47.86	14.4811
15		고도제한 20m			5				98.07	29.6732
16			22평짜리 건물을 4층까지 건축가능					**현 대출**	**24600**	
17										
18		토지가격 평당		155	17305.6			2020년 매매가		35000
19		건물가격 평당		900	26705.9			현재 매매가		38000
20		가구, 집기류						차이		3000
21					44011.5			년간 상승액		1500
22		「국토의 계획 및 이용								
23		에 관한 법률」에 따른		생산녹지지역						
24		지역 · 지구등								
25		다른 법령 등에 따른		가축사육제한구역(전부제한구역)<가축분뇨의 관리 및 이용에 관한 법률>						
26		지역 · 지구등								
27		「기본법 시행령」								
28		...에 해당되는 사항								

범례
□ 중로3류(폭 12m~15m)
▨ 생산녹지지역
▩ 자연녹지지역
□ 법정동

제주 법인 사옥,
밀당 끝에 계약 체결

제주도 임장 여행을 마치고 며칠간의 고민 끝에 한림읍 공인중개사에게 아래의 조건에 충족된다면 매수 의향이 있음을 알렸습니다.

1. 매매가의 50% 이상 대출할 수 있도록 은행 소개해줄 것

2. 현 소유자 명의 상태에서 건축물 용도를 단독주택에서 근린생활시설(사무실)로 변경해줄 것

4월부터 법인 설립하여 발생한 사업소득이 1억 원 정도 법인 계좌에 쌓여 있었고, 거기에 제 개인 자금 1억 원을 대표이사의 가수금으로 보태면 실투자금 2억 원은 마련할 수 있었습니다.

그러니 매매가의 50% 이상만 담보대출 받을 수 있다면 매수 비용은 충분히 확보가 가능해 보였습니다.

다음으로 건축물 용도변경은 또 왜 요구했냐면, 당시 부동산

규제가 심하던 때라 법인은 아예 단독주택이나 공동주택 등 주거용 부동산을 매수할 수 없었고, 개인 명의로 산다 해도 저는 다주택자라서 취득세를 매매가의 13.2%나 내야 하는 징벌적 과세가 부과되었기 때문입니다.

주택이 아닌 근린생활시설 사무실로 용도 변경되면 주거용 부동산이 아니기 때문에, 법인 명의로 매수도 가능했고 세율도 4.6%로 확연히 줄어들어 큰 절세효과가 있었습니다.

공인중개사가 이러한 조건을 맞추려 매도자 측과 상의했고, 매도자 측도 이번 기회에 이 집을 매도하여 현금화시키려 마음먹었는지 쉽게 동의해주었습니다.

이 집의 소유주도 저와 같은 법인이었는데, 나중에 알아보니 제주도에 이런 경치 좋은 곳의 단독주택들은 개인소유보다는 법인의 대표이사들이 회사자금으로 매입하여 직원 휴양소나 연수원 등으로 등록하고 소유주 일가의 주말 별장으로 활용하는 경우가 매우 많다고들 합니다.

저도 법인사업체를 운영해보니 이제는 이해가 되는데, 법인으로 사업소득 벌어서 쓰지 않고 쌓아두면 법인세를 많이 내야 하니, 합법적인 범위 내에서 가능한 법인 돈을 지출하여 쌓아두지 않는 것이 확실한 법인세 절세의 한 방편입니다.

이런 경험을 통해 왜 우리나라의 법인회사들이 왜 그리도 부동산을 많이 보유하고 있는지를 이해할 수 있었습니다.

현금 쥐고 있어 봐야 세금만 많이 내니, 사업목적이라는 명목으로 부동산에 돈 묻어두고 법인세를 절감 받으려는 것이지요. 그러다 부동산 가격이 상승하면 팔아치워 양도차익을 고스란히 얻을 수도 있고요.

저를 포함한 서민들은 몰라서 그렇지, 이런 식으로 돈 놓고 돈 먹는 절세와 투자 방법이 참으로 다양한 것 같습니다. 저도 얼른 이러한 경지까지 올라서야 할 텐데 아직은 한참 못 미치니 공부할 게 참으로 많습니다.

중개사와 매도인 사이에 며칠간의 밀고 당기기 끝에 6월 15일 최종적으로 계약을 진행하기로 협의가 되었습니다. 그날은 제가 매주 고정 출강하던 어느 저명한 교육기관에 마지막으로 출강하기로 한 날이라서 온종일 8시간 내내 강의하고 있었습니다.

그 와중에 휴식 시간에 중개사의 연락을 받고, 우선 가계약금으로 1,000만 원을 매도인 측 법인계좌로 입금해주었습니다.

나머지 계약금은 이제 서로 만나서 계약서 작성 후 입금해야 하는데, 마침 제가 7월 4일 월요일에 서귀포시 국토교통부 공무원교육원에서 도로 시설 유지관리를 담당하는 토목직 공무원을 대상으로 강의가 예정되어 있어, 그 전전날인 7월 2일 토요일 저녁에 공인중개사 사무실에서 만나기로 약속하였습니다.

당시에는 강의나 현장 점검 등의 대면 업무는 더 이상 추가 일정 안 잡고, 부득이하게 기존에 이미 약속된 일정들만 마무리하던 중이었는데, 서귀포에서의 강의라고 하니 마침 저의 당시 관심사와 일치하여 강의를 수락했던 것입니다.

얼마나 좋습니까? 제주도에 땅과 집 보러 가는데 항공권과 렌터카 비용도 국가에서 다 내어주고, 심지어 공무원 연수원에서 숙박시설도 내어 준다는데 마다할 이유가 없지요.

그날 가계약금을 입금하고 나서 강의 마치고 귀가하던 퇴근길, 꽉 막힌 서울 가산디지털단지 주변 도로에서 핸들 잡고 있으면서 참 여러 가지 만감이 교차했습니다.

'세상에, 내가 정말로 제주도에 땅과 집을 갖게 될 줄이야.'

계약하러 제주 간 김에,
국토부 강의

제주도 법인 사옥 매수를 위한 가계약금을 입금했으니, 다음 절차로 매도자와 공인중개사를 한자리에서 만나서 정식 계약서 작성과 계약금 잔액을 지급해야 합니다.

공인중개사를 거쳐 매도인과 일정 조율하다가 7월 첫주 주말에 제주 한림읍 현지의 공인중개사 사무실에서 만나기로 협의했습니다.

앞에서 언급했다시피 당시에는 정부의 부동산 규제정책으로 법인 명의로 주택은 매수할 수 없을뿐더러, 법인이 아닌 개인 명의로 매입한다 해도 저는 이미 다주택자이기에 13.2%나 되는 징벌적 취득세를 내야 했습니다.

협의한 매매가격이 3억8,000만 원이었으니 약 5,000만 원을 취득세로 내야 할 판이었습니다. 이렇게 과도한 세금을 내면서까지 제주도 집을 사야 하나 싶었지만, 궁하면 통한다고 방법을 찾다 보니 합법적인 절세 방법을 알게 되었습니다.

제가 법인 명의로 매수하려는 목적이 실제로 법인사업체의 본사 사무실로 사용하기 위함이니, 이 경우 건축물 용도를 현재 '단독주택'에서 '근린생활시설 사무실'로 바꿔버리면 된다는 것이었습니다.

건축물의 용도가 바뀌면 법인 명의로 취득도 가능할뿐더러, 취득세율도 4.6%로 확 줄어드는 큰 절세효과가 있었습니다. 다만 명의이전 하기 전에는 용도가 변경되어 있어야만 했습니다.

그래서 이번에는 건축물 용도변경 방법을 알아봤는데 소유자가 직접 해도 되겠지만 어떤 일이든 그 분야 전문가를 거치는 것이 쉽고 정확하고 빠르기에, 제주지역 건축사사무소에 의뢰하는 것이 좋겠다는 결론을 내렸습니다.

그래서 이왕이면 그 건축물을 직접 설계하고 인허가 수행했던 업체에 맡기는 게 더 효과적이라 생각해서, 당시 설계했던 건축사와 협의해 200만 원에 용도변경 행정 처리를 대행 맡기기로 했습니다.

물론 이 모든 업무협의 절차 중에 저는 방향 제시와 최종 결정만 내렸고, 공인중개사가 중간에서 모든 연락과 조율을 담당했습니다. 본인도 거래가 성사되어야만 중개수수료를 받을 수 있기 때문이지요.

세상 모든 게 다 돈의 논리로 작동되는 자본주의 사회라는 것을 새삼 다시 한번 느꼈습니다. 그렇기에 우리가 사는 이 자본주의 사회에서는 돈이 없으면 아무것도 할 수가 없는 사회구조이지요.

프리랜서 기술사의 창조 인생

그때 건축사와 직접 통화는 비용 지급할 때 딱 한 번 대화해봤는데, 200만 원 비용을 달라면서도 강하게 선지급을 요청하지 못하고 약간 뻘쭘해 하는 것을 느꼈습니다.

아마도 본인 스스로도 건축물 용도변경 신고 대행 업무가 200만 원이나 받을 정도의 어려운 일이 아니란 것을 잘 알기에 다소 쭈뼛거렸던 것 같습니다.

이전에는 저도 이런 걸 몰랐는데, 제가 직접 법인사업을 운영해보니 저 역시도 가끔 바쁠 때는 시세보다 높은 가격으로 대충 견적 내어주고, 의뢰인이 비싼 견적에도 동의하고 일 맡기는 경우, 미안한 마음에 다소 쭈뼛거렸던 적이 있기에 쉬이 눈치챌 수 있었습니다.

또 모르죠. 어쩌면 200만 원이라 불러놓고 나중에 중개사에게 커미션을 일정 비율 지급하기로 짜고 쳤는지도.

하지만 당시의 저는 소득이 매우 여유가 있었기에, 돈 몇십만 원 더 깎는 게 중요한 게 아니라 신속하고 정확하게 일 처리하는 게 더 중요했습니다.

그래서 빤히 보이면서도 구태여 따지지 않고, 바로 세금계산서 발행받고 부가세 얹어서 220만 원을 선불로 입금해주었습니다. 대신 일처리는 확실하고 깔끔하게 마무리해달라고 신신당부했지요.

그렇게 건축사와 조율하던 중에 또다시 예상치 못한 복병을 만나게 되었는데, 건축물 용도변경을 하려면 준공 이후 최소 5년

이 경과되어야지만 용도변경 신청이 가능하다는 것입니다.

아마도 무분별한 편법 행위를 막기 위한 최소한의 제도장치인 것 같습니다. 살짝 당혹스러웠지만 궁하면 통한다고 이 문제 또한 이내 해결책을 찾았습니다.

그 건축물이 준공된 게 2017년 9월이었기에 2개월만 지나면 2022년 9월이어서 용도변경 신청이 가능하다는 것이었습니다. 즉 잔금 일정을 2개월 정도만 뒤로 미루면 되는 것이지요.

그래서 이 또한 공인중개사가 매도인을 잘 설득하여 조율해주었습니다. 매도인으로서는 돈 늦게 받는 것이 문제인데 여기에 대해서 제가 담보대출 받을 1억9,000만 원만 제외하고, 제 수중의 자금으로 지급할 대출금 외 모든 비용을 7월 초 계약과 동시에 중도금 명목으로 일괄 지급하기로 협의한 것입니다.

일이 잘 풀리려고 그랬는지 매도인도 흔쾌히 승낙하면서 중도금까지만 지급되면 어차피 계약을 물릴 수도 없으니, 필요하다면 잔금 이전이라도 현 세입자가 이사 나가는 대로 먼저 입주해도 된다고 했습니다.

알아보니 현재 세입자는 다른 전세를 구하여 8월 중순쯤 이사 나간다고 합니다. 이렇게 일사천리로 일이 술술 풀려 비록 잔금은 미뤄졌지만 8월 중순부터는 제주도에 저만의 보금자리가 생기게 된 것입니다.

아니, 엄밀히 말하자면 저희 법인만의 본점 법인 사옥이 생기게 된 것입니다. 역시 하늘은 스스로 노력하는 자를 돕는 것 같습니다.

여기에 또 다른 행운이 겹쳐졌는데, 앞서 언급한 것처럼 계약일 직후에 서귀포에서의 강의 요청이 확정된 것입니다.

앞서 언급했듯이 서귀포 법환포구 인근에 있는 국토교통부 공무원 연수원에서 2시간 특강을 요청받은 것이지요.

이 또한 이야기가 잘 풀려, 7월 5일 화요일로 강의 일정이 확정되었기에 법인 사옥 계약하러 제주도 가는 김에 겸사겸사 국토교통부 특강까지 하게 된 것이지요.

국적 항공사인 대한항공 왕복 항공료와 이틀간의 K5 차량 렌트비, 그리고 경치 좋은 법환포구 인근 국토교통부 연수원에서의 하룻밤 숙박까지 모두 무료로 이용할 수 있게 된 것입니다.

역시 될 놈은 뭘 해도 되는 것 같습니다.

시간이 흘러 7월 3일 일요일 오후, 무료로 제공 받은 항공기를 타고 제주도로 넘어가 무료로 제공 받은 렌터카를 몰고 한림읍의 공인중개사 사무실 방문했습니다.

공인중개사 앞에서 매도자 법인 대표와 만나 협의한 조건대로 계약서 작성 및 중도금 지급까지 일사불란하게 처리하고 8월 중순부터의 법인 사옥 사용 권한을 공식으로 넘겨받았습니다.

그날 저녁에는 곧 내 것이 될 법인 사옥 인근 관광호텔에 하루 숙박하면서 읍내 구경도 하며 제철 맞은 한치와 벤자리돔 회를 배불리 먹었고, 다음날 아침에는 비양도 앞바다까지 걸어서 돌아보고, 오후에는 제주 시내 하나은행에 방문해 법인 담보대출 서류를 작성했습니다.

그리고 대출자서를 마친 후에는 서귀포 국토교통부 공무원교육원 내 연수원에 입실하여 짐을 풀었고, 저녁에는 인근 법환포구 해녀의 집에서 갓 잡은 싱싱한 전복과 뿔소라 회에 한라산 소주를 곁들이며 혼자서 제주의 초여름을 만끽했습니다.

다음날 강의까지 무사히 잘 마치고 8월 중순에 다시 올 날을 기약하며 2박 3일간의 나 홀로 첫 제주 여행을 마치고 귀가했습니다.

한림읍 공인중개사무소 계약 체결 후 법인 사옥 동네 한 바퀴

한림읍 비양도 앞바다 산책 중 / 국토부 연수원 휴양소에서

프리랜서 기술사의 창조 인생

서귀포 국토부 공무원교육원 강의 / 법환포구에서 전복과 뿔소라

No.2와 3을 먼저…

법인 사옥 계약을 마치고 외부 일정 없이 간간이 서류작업만 수행하던 7월의 어느 날, 앞으로 제주도에 들어가면 가장 먼저 무엇을 하고 싶은지 생각해봤습니다.

역시 아무래도 가장 첫 목표는 제 생애 처음으로 우리나라 제1봉 한라산 백록담을 올라 보고 싶었습니다.

그런데 문득 우리나라 제2봉과 제3봉이 어디인지 궁금해졌습니다. 인터넷 검색해보니 지리산 천왕봉이 두 번째(No. 2)이고, 설악산 대청봉이 세 번째(No. 3)라고 합니다.

강화도 주말농장에 지내면서 민족의 명산인 마니산 참성단을 동네 뒷산 드나들 듯이 수백 번 올랐기에 나름대로 산행에는 자신이 있었는데, 아무리 그래도 No. 3와 No. 2를 건너뛰고 바로 No. 1 한라산에 오르는 것은 좀 예의가 아니라는 쓸데없는(?) 생각이 들었습니다.

이게 다 시간적 여유가 많기 때문이지요. 이전처럼 강의나 자문, 심의 등 대면 업무로 바빴으면 이런 생각 못했을 텐데요.

어쨌든 저는 늘 '안 해보고 후회하느니, 차라리 해보고 후회하자'라는 행동파이기에 생각난 김에 바로 실행에 옮겼습니다.

며칠 후 7월 14일 목요일. No.3 대청봉부터 제치기(?) 위해 새벽 3시부터 배낭에 2리터 생수와 땀수건 한 장 달랑 넣고 미리 검색해둔 설악산 오색약수터 탐방로로 향했습니다.

6시부터 등반을 시작했는데 평일인데다 새벽 이른 시간이라서 정상에 오르는 동안 단 한 사람도 만나보지를 못해 살짝 무섭기도 했었습니다.

하지만 여기까지 왔는데 되돌릴 수도 없어 발걸음을 꾸역꾸역 앞으로 내디뎠습니다. 그렇게 앞뒤 생각 없이 4시간 기어올랐더니 대청봉 표지석이 보였습니다.

No.3 설악산 대청봉에서(2022년 7월 14일)

이른 아침이라 대청봉 정상에도 오로지 저 혼자뿐이었습니다. 완전히 대청봉을 혼자 전세낸 기분이었습니다.

혼자서 근 한 시간 동안 대청봉 표지석에서 셀카 수십 장 찍고, 목청껏 군가 노래도 부르며 원 없이 설악산의 정기를 흡수했습니다.

다시 11시에 하산 시작해 13시쯤 출발점에 도착했는데, 역시 등산은 올라갈 때보다 내려올 때가 더 위험했습니다.

새벽에 살짝 내린 비에 돌계단이 좀 미끄러웠는데 역시나 내려오다 다리에 힘이 풀려 제대로 디디지 못하고 미끄덩하면서 계단에서 뒤로 크게 나자빠진 것입니다.

넘어지면서 강하게 왼쪽 팔꿈치를 돌계단 모서리에 찍었는데, 팔꿈치 살점이 찢어져 피가 철철 흐르고 있었습니다.

그래도 다행히 뼈에는 이상 없는 것 같고, 피가 많이 흐르기는 하지만 과다출혈을 걱정할 정도는 아니어서 목에 걸고 있던 빨간색 땀수건을 지혈되도록 찢어진 부위에 칭칭 동여매고 꾸역꾸역 잘 내려왔습니다.

따로 병원에 가지는 않았고 가만히 놔두니 한 1주 정도 지나서 딱지가 생기고, 또 한 1주 지나니 비록 찢어진 흉터는 남았지만 상처가 아물었습니다.

별 연관성은 없는 말이지만 괜스레 이런 생각이 들었습니다. 등산은 하산 길에 더 조심해야 하듯이, 인생 역시도 마흔 넘어 하산 길에 더 조심해야겠다는 생각이 들었습니다.

아마도 요즘 제가 너무 여유롭고 안이하게 살고 있다 보니 살짝 긴장 좀 하라고 하늘이 경고를 내려준 것 아닌가 싶었습니다.

그렇게 상처가 치유된 8월의 어느 날, 이번에는 No. 2 지리산 천왕봉을 마저 제치기로 마음먹었습니다.

저는 항상 운이 좋다고 여기는 게 이때도 지리산 등반을 놓고 하루 전날 경남 산청군 인근에 먼저 내려가 숙박하려고 알아보고 있을 때, 진주시에 있는 국토안전관리원에서 건축물 해체계획서 심의위원으로 참여를 요청받았습니다.

심의나 자문위원 활동도 제가 완전 비대면 업무체계를 구축한 이후에는 대부분 사양하고 있는데 이 건은 참여를 결정했습니다.

안 그래도 경남지역에서 하루 묵어야 했는데 아주 기가 막힌 타이밍이었습니다.

8월 8일 월요일, 오후 2시부터 4시까지 심의를 마치고 국토안전관리원에 근무하는 지인을 만나, 퇴근 시간에 맞춰 간단히 술 한잔 걸친 후 일찌감치 호텔에 투숙하였습니다.

다음날 4시. 일어나자마자 산청군 중산리에 있는 탐방안내소로 출발하여 5시 반부터 생애 처음 지리산 등반을 시작했습니다.

그런데 분명히 천왕봉이 대청봉보다 더 높고 힘들다고 들었는데, 저는 오히려 설악산 대청봉보다 지리산 천왕봉을 훨씬 더 수월하게 올랐습니다. 한 8시 반 정도에 벌써 정상에 올랐습니다.

생각해보니 등산이든, 업무든, 집안에 슬프고 힘든 일이든, 어느 단계를 경험한 사람은 그와 비슷한 단계에는 이미 경험이 있기에 상대적으로 이전보다 수월하게 느껴지는 것 아닐까 싶습니다.

비록 천왕봉이 대청봉보다 더 높다고는 하나 그래 봤자 도토리 키재기 수준이니, 이미 대청봉 등반에 성공해 한 단계 퀀텀 점프한 저의 체력이 천왕봉 정도는 한번 겪어본 설악산과 비슷한 난이도로 인식해 무난하게 올랐던 것 같습니다.

대청봉에서는 인생 하산 길에 조심하라는 강력한 교훈을 주더니만, 천왕봉에서는 한 단계 올라서면 그와 비슷한 수준의 일들은 모두 수월해진다는, 그런 삶의 교훈을 주고 있네요. 이래서 사람은 산에 올라야 하는 것 같습니다.

잠시 쉬고 9시부터 다시 하산 시작하여 12시에 주차장에 도착했습니다. 이렇게 저는 뜬금없는 이유로 우리나라 No.1인 한라산 백록담을 오르기 전에 No.2 지리산 천왕봉과 No.3 설악산 대청봉을 먼저 섭렵하였습니다.

'이제 한라산까지 오르면 앞으로 남은 것은 히말라야인가?
- -;;;'

강화에서 제주로

중도금까지 지급한 이후에 공인중개사와 여러 차례 연락하여 기존 세입자 이사 날짜를 확인했습니다. 몇 번의 변동은 있었지만, 최종적으로 8월 17일에 이사 나가기로 확정되었습니다.

집이란 것은 사람의 손길이 닿지 않으면 관리가 안 되어 각종 문제가 생기기 마련입니다. 그래서 앞서 매도인과 협의한 것처럼 세입자 이사 나간 후에는 비록 잔금 치르기 전이라도 제가 들어가 입주하는 것으로 계획을 잡았습니다.

8월 17일에 이사 나간다고 하니, 혹시 모를 변동상황을 고려해 4일간의 말미를 두고 8월 21일 일요일에 입주하는 것으로 매도인과 협의하였습니다.

그간 강화도 농장시설을 법인 본점 주소지로 활용하면서 나름 사무실처럼 사무집기를 갖춰놓고 쓰고 있었는데, 책상과 의자 등 커다란 가구류까지 제주도에 들고 가기에는 어려움이 있어, 법인 화물차(렉스톤 스포츠)에 실을 수 있는 것들만 추려서 간소하게 법인 사무실 이삿짐을 꾸렸습니다.

참고로 혹여 오해가 있으실까 부연 설명해 드리는데, 저와 가족이 거주하고 있는 집(자택)을 제주도로 옮긴다는 게 아니고, 가족과 자택은 송도국제도시에 그대로 있고, 저와 강화도 농장의 법인 사무실 짐들만 제주도로 옮긴다는 것이니, 글 읽으시면서 착오 없으시기 바랍니다.

화물차를 끌고 제주도로 가야 하니 당연히 배편을 예약했습니다. 제주도로 가는 배편은 인천항, 완도항, 목포항 등 많은 노선이 있지만 가장 운항 시간이 짧고 가격이 저렴한 경로는 완도항을 이용하는 것입니다.

저 혼자 가는 것이니 사람에 대한 승선료는 36,300원으로 저렴했지만, 화물차의 선적 비용이 205,490원으로 좀 비쌌습니다. 그래서 화물차는 단 한 번만 선적하여 제주도 놔두고 다시 안 가져오려고, 될 수 있는 대로 많은 짐들을 차량 내부를 가득 채워 챙겨두었습니다.

완도~제주 화물여객선 예매 승선권

출발지	도착지
완도	**제주도**
출발일	출발시각
2022-08-21	**15:00**
선박명	운전자명
블루펄	**박춘성**
표종류	결제금액
차량(일반)	**205,490 원**

출발지	도착지
완도	**제주도**
출발일	출발시각
2022-08-21	**15:00**
선박명	좌석
블루펄	**실 (5305-11)**
표종류	결제금액
일반대인	**36,300 원**

8월 20일 토요일은 아침, 그간 정들었던 강화도 농장에서의 마지막 시간을 보내고 화물차를 끌고 자택으로 귀가했습니다. 그리고 다음 날 새벽 드디어 제주도를 향해 떠났습니다.

제 생애 영원히 잊지 못할 대망의 2022년 8월 21일 일요일. 새벽 6시에 집 근처 24시간 무인 셀프 카페에서 시원한 아메리카노 한 잔 뽑아 들고 화물차에 시동을 걸었습니다.

강화도에서 화물차에 사무실 짐 싣고 제주도로 출발(2022년 8월 21일)

프리랜서 기술사의 창조 인생

목적지는 완도항 여객터미널이지만, 이왕 전라남도에 내려가는 김에 한 번도 가보지 못했던 해남 땅끝마을을 구경하기로 했습니다. 일요일 새벽이라 막히는 길 없이 쭉 달려서 11시에 벌써 해남 땅끝마을에 도착했습니다.

땅끝마을에 대한 막연한 로망이 좀 있었는데 막상 도착해보니 뭐 그다지 기억에 남을만한 것은 별로 없었습니다. 약 1시간 돌아보니 더 볼 게 없더라고요.

그래서 12시경 완도항으로 다시 출발하여 중간에 순두부찌개 맛집이라는 데에서 간단히 점심 먹고 일찌감치 선착장에 도착했습니다.

3시에 출항이니 2시 넘어서부터 여객선에 화물차 선적시키고 승선하여 출항 대기하였습니다.

해남 땅끝마을 들러 완도항으로, 제주행 여객선(2022년 8월 21일)

예전 건설회사에서 일할 때 주 근무 현장이 항만 건설 현장이어서 바다 위에 배를 매일 타고 다녔지만 이렇게 거대한 여객선을 타 본 적은 없었습니다.

게다가 화물차까지 선적하고 가니 이 모든 과정 하나하나가 매우 생소하고 신기해 재미있었습니다. 화물차는 바퀴 휠 부분을 쇠사슬과 와이어로프로 선체에 단단히 결박시켰는데 아마도 세월호 사건 이후 관리가 강화된 것 같습니다.

제주행 여객선에서 화물차와 함께(2022년 8월 21일)

여객선은 3시에 출항했고 저는 가장 저렴한 3등 객실이었는데, 비좁은 객실 안이 답답해 시원한 바람 맞으며 바다 구경하고자 갑판 위에 올랐습니다.

역시 저는 항만 현장에서 십수 년을 근무한 '항만 및 해안 기술사'이다 보니 바다만 보면 참으로 기분이 좋습니다. 제 고향에 온 것 같은 느낌입니다. 실제 태어난 고향은 바다와 아무런 관계없는 서울 구로동인데도 말이지요.

갑판 위 그늘진 곳에 등 기대어 앉아 남해 바다를 바라보며 책 좀 읽었습니다. 그렇게 2시간 정도 지나 책 한 권 거의 다 읽어갈 즈음 갑판 위에 젊은 대학생들의 탄성이 들려옵니다.

바라보니 저 멀리 희끄무레하게 완만히 솟은 한라산이 보였습니다. 저 역시 마음이 벅차오르며 심장이 요동쳤습니다.

'내가 정말 제주도로 가고 있구나.'

제주도 앞바다에 와있는 현실을 자각하면서부터 온몸이 긴장되며 새로운 도전에 심장이 두근거리고 있었습니다.

이제 곧 하선을 준비하라는 안내방송이 스피커로 흘러 나왔습니다. 저와 같이 차량을 가지고 온 사람은 갑판이나 객실에 있지 말고 화물칸으로 내려가 차량에 탑승해서 대기하라는 것입니다.

차량에서 대기하니 접안을 끝내고 5시 좀 넘어 화물칸 출구가 열렸습니다. 순서대로 화물차를 몰고 배의 경사로를 따라 내려오니 출구에 '제주항, 안녕히 가십시오'라는 큰 간판이 눈에 확 들어왔습니다.

'아, 여기가 제주도가 맞기는 맞나 보구나.'

형언할 수 없는 많은 감상이 들었지만 벌써 시간이 저녁 6시를 향해가는데, 짐 내리고 잠자리 정리할 것을 고려하면 감상에 젖어있을 시간이 없었습니다.

바로 법인 사옥 주소지를 내비게이션에 입력하고 차를 몰고 달려갔습니다. 지금이야 제주 시내 어지간한 곳은 내비 없이도 구석구석 찾아갈 수 있는데 그때는 내비 없으면 완전 까막눈이 었지요.

저녁 7시쯤 해질 무렵 법인 사옥에 드디어 도착했습니다. 그동안 낮에만 와봤지 해진 이후 와본 것은 처음인데, 저녁에 바라본 법인 사옥의 풍경도 엄청 제주답고 운치 있었습니다.

새벽 6시에 출발해 장장 13시간을 거쳐 저녁 7시에 도착했는데, 이번 생애 처음으로 겪어보는 감흥을 그대로 잠재울 수가 없어, 우선 집 밖으로 나가 제주 밤바다를 좀 산책했습니다.

걸어서 3분이면 검은색 화산암으로 펼쳐진 쪽빛 제주 바다가 보이는데, 인근 편의점에서 제주 에일 맥주 한 캔 사와, 시원한 맥주 홀짝거리며 석양 지는 제주 밤바다를 한참 동안 바라보았습니다.

강화도 농장에서도 바다가 보였지만 거리도 멀었을뿐더러, 제주도의 초록빛 바다는 강화도의 시커먼 펄 물과는 비교가 되지 않았습니다.

어쩜 석양 지는 제주 바다가 이토록 아름다운 것인지?, 마흔 중반이 되어서야 뒤늦게 알았습니다.

제주 법인 사옥에서의 첫날밤(2022년 8월 21일)

해가 떨어져 완전히 어두워진 뒤에야 간단한 요깃거리와 입가심할 와인 한 병 사 들고 다시 법인 사옥에 들어왔습니다.

시간도 너무 늦고 밖도 컴컴하니 우선은 화물차에 실려있는 짐들을 모두 꺼내어 1층 거실에 때려 넣고, 거실 구석에 대충 돗자리 하나 깔고 이부자리를 펼쳤습니다.

저는 평소 4시에 일어나는 게 습관이다 보니, 밤 9시 넘어가면 급격히 졸려옵니다. 그래도 제주 법인 사옥에서의 첫날밤을 그냥 보내기는 아쉬워, 라디오 틀어놓고 편의점에서 사 온 화이트 와인을 한 잔 더 홀짝이며 이날의 소회를 정리했습니다.

당연히 와인 글라스 같은 게 있을 리가 없으니, 강화도 농장에서 가져온 국그릇 사발에 와인을 따라 쭈욱 들이켰더니, 화이트 와인이 마치 시원한 오이냉국 같았던 기억이 남아있습니다.

제주도 정착기

집수리

제주 도착 다음 날 가장 먼저 한 일은 인터넷 와이파이 설치였습니다. 물론 그보다도 먼저 해 뜰 녘 해안가 산책을 했지만 그건 일이 아니기에 제외하겠습니다.

제주 법인 사옥에서의 아침 일상 - 해안가 산책

저의 디지털 노마드로서 프리랜서 업무를 처리하기 위해서는 노트북과 인터넷이 필수입니다. 그래서 몇 군데 문의를 해봤는

데 제주도는 희한하게 KT, SK텔레콤, LG유플러스와 같은 일반적인 통신사가 아닌 KCTV(제주방송)에서 인터넷 통신을 설치하더라고요.

다행히 설치는 빠르게 처리되었습니다. 그래서 제주 입주 초기 집수리 기간에도 업무 견적 요청이 오거나 긴급한 업무는 그때그때 노트북 들고 다니며 아무 데나 걸터앉아 일 처리를 할 수 있었습니다.

다음으로는 공인중개사를 통해 예약해 둔 현지 집수리 업체를 통해 창틀 주변 방수 보강작업과 집 전체 도배를 다시 했습니다.

제주도는 비도 많이 내리지만 거의 강풍과 동반되기에 심할 때는 농담이 아니라 빗방울이 위에서 아래로 내리지 않고 옆에서 수평으로 내리꽂는 경우가 종종 있습니다.

그러면 창호 하단 문틀에 빗물이 고이고 흘러넘쳐 빗물이 창틀을 통해 누수되어 내벽으로 유입되는 경우도 종종 있습니다. 나름 창틀 주변을 방수 보강한다고는 했지만 아마도 다시 여름 장마철이 되면 또 일부는 빗물이 넘쳐 들어오지 않을까 걱정되기는 합니다.

도배작업은 법인 사옥이 총 2층으로 되어 있어 아주머니 세 분이 도배작업했는데, 하루에 다 끝내지 못하고 다음 날 아침에도 한두 시간 더 작업하여 이틀 동안 마무리했습니다.

이 부분도 육지 사람과는 다른 제주 섬 사람의 특징인 것 같은데, 육지의 경우라면 불과 한두 시간 때문에 다음날 또 작업하여 인건비를 이틀치 주는 것보다, 하루치 인건비에 특근수당을 좀 더 챙겨주고 연장 작업해서 하루 만에 끝내려 했을 텐데 말이죠.

소소한 경험이었지만 일에 얽매이지 않고 급한 것 없이 마음에 여유가 많은, 천혜의 관광지 원주민의 여유로운 생각과 생활 방식을 엿볼 수 있는 기회였습니다.

제주 법인 사옥 집수리 중(방수, 도배)

그때가 8월 22~23일 한여름이었지만 제주도는 시원한 바람이 잘 불어와 뜨거운 햇볕만 피하면 그리 덥지는 않았습니다. 하지만 갈증 날 때 미지근한 물을 마시는 건 좀 고역이었죠.

그래서 다음날 바로 시내로 나가 롯데 하이마트에서 냉장고를 샀고 이왕 가전제품 사는 김에 세탁기도 한 대 같이 샀습니다.

처음에는 중고 매장을 좀 알아봤는데 규격이 큰 제품만 있어 제가 원하는 사무실용 소형제품은 구할 수 없었습니다.

게다가 제주도는 가전제품을 포함한 여러 물품을 직접 생산하지 않고 죄다 육지에서 들어오기 때문에 중고 제품이 전반적으로 가격이 비쌉니다.

그래서 중고 제품 몇 군데 알아보다가 마땅한 게 없어서 그냥 시내 대형 마트에서 적당한 규격에 가장 저렴한 제품 골라서 법인카드로 결제했습니다.

어차피 법인 사옥에서 사용하는 물품들이니 법인카드를 사용해도 법적으로 전혀 문제될 게 없지요. 어느 회사이든 모두 탕비실 또는 구내식당들이 있으니까요.

세탁기는 직원의 근무복이나 작업복 세탁 용도이니 이 또한 법인 비용으로 처리함에 문제될 게 없습니다. 어차피 이 세탁기는 법인 대표이사인 저 혼자만 사용할 것이니까요.

냉장고, 세탁기 구매, 커튼 설치

이삼일에 걸쳐 도배 싹 다시 하고, 필수 가전제품 좀 들어놓고 커튼도 달아놓으니 이제야 좀 사람이 지낼 만한 공간이 된 것 같았습니다.

저 혼자서 빗자루와 손걸레를 들고 1~2층 합쳐 약 30평 입주 청소를 직접 했는데, 가만히 생각해보니 제가 직접 청소도구 들고 이렇게 깔끔떨면서 청소한 건 아마도 군대 전역 이후 처음인 것 같습니다.

입주 청소 끝내고 미리 인터넷으로 주문 제작해둔 회사 현판과 대표이사실, 사무실 등의 명패를 부착했고, 시내 중고 매장 뒤

져서 제대로 업무 볼 수 있도록 책상과 의자도 구입해 대표이사 사무실에 배치했습니다.

확실히 제주도 물가가 육지에 비해 비싼 게, 수도권 중고 매장에서는 이런 사무용 책상과 의자 합쳐도 채 10만 원이 안 될 텐데, 제주도에서는 근 2배를 주어야만 구매가 가능했습니다.

아무래도 도서 지역 특성상 직접 생산되는 물건이 아니면 모두 뱃길을 통해 운송되다 보니까 그만큼 물건도 희귀하고 가격도 비싸게 부르는 것 같습니다.

집수리 후 대청소, 사무실 현판 설치

대표이사 사무실 꾸미기

프리랜서 기술사의 창조 인생

이제야 제법 대표이사가 상주하며 업무를 볼 수 있는 법인 사옥 사무실 같은 구색을 갖추기 시작했습니다. 3일간 이렇게 도배, 청소, 사무집기 배치 등으로 밥도 제대로 못 먹고 강도 높은 육체노동을 했습니다.

아무것도 준비된 게 없다 보니 아침 점심은 거르거나 간단한 연두부 한 조각 먹고 말았고, 저녁은 인근 마트에서 바로바로 먹고 간단히 치워버릴 수 있는 활어회 포장을 사다가 먹었습니다.

이렇게 살아보니 그 3일 동안에만도 한 3kg 정도는 체중이 빠진 것 같아 예상치 못한 강제 다이어트 효과를 보게 되었습니다.

저는 강화도에 농장이 있기에 농협 조합원으로 등록되어 있어 주로 농협 하나로마트를 애용하는데, 제주도에서는 농협 하나로마트에서도 싱싱한 활어회를 수시로 판매하고 있다는 것에 놀랐습니다.

그것도 내륙에서는 나름 귀하게 대접받는 돔 어종이 제주에서는 마치 싸구려 광어 취급을 받으며 값싸게 팔리고 있었습니다. 제 경험상 제주에서는 오히려 광어가 돔보다 비쌉니다.

농협마트에서 싱싱한 황돔 활어회를

한라산이 동네 뒷동산

제주도에 들어오면 가장 먼저 한라산 백록담을 올라 보고 싶었습니다. 그래서 며칠간의 법인 사옥 정리를 마치자마자 2022년 8월 28일 그 영광스러운 첫 한라산 등반을 나섰습니다.

한라산 국립공원은 여러 등반로가 있지만, 최정상 백록담(동능)까지 갈 수 있는 코스는 성판악 코스와 관음사 코스 이렇게 두 군데밖에 없습니다.

그래서 이 2개 등산로는 항상 백록담 오르려는 사람들로 가득 차기에, 하루에 500명으로 한정하여 사전 예약을 해야지만 등반할 수 있도록 해놨습니다. 저 역시 법인 사옥에 인터넷이 연결되자마자 우선 관음사 코스로 등반 예약을 했습니다.

드디어 등반 당일, 여름에는 새벽 5시 반부터 등산 가능한데 미리 가지 않으면 등반도 바로 못 하고 한참 줄 서 있어야 하고 주차하기도 어렵습니다.

그래서 새벽 4시에 일어나자마자 바로 출발하여 관음사 탐방로를 향했고 5시 정도에 도착하여 주차해놓고 차에서 기다렸습니다.

좀 기다린 끝에 5시 반 정각에 탐방로가 개방되어 등산을 시작했고, 컴컴한 새벽에 헤드라이트 불빛에 의지해 산을 오르다 중턱에서 멋진 한라산에서의 일출도 보면서 한 3시간 반 걸어 오르니 드디어 백록담(동능)에 도착했습니다.

눈 아래 쫙 펼쳐진 제주도의 풍경과 TV에서나 봐오던 백록담의 모습이 어찌나 감격스러운지 다리 아픈 것도 못 느끼고 한라산의 절경을 감상했습니다.

여름, 생애 첫 한라산 백록담(2022년 8월 28일)

그리고 근 두 달이 흘러 11월 5일에는 백록담의 가을 정취를 느껴보고 싶었습니다. 지난번에는 관음사 코스를 이용했으니 이번에는 좀 더 거리가 멀다지만 길이 완만하여 난이도가 낮은 성판악 코스로 예약했습니다.

겨울철 11월부터는 6시 정각부터 등산할 수 있는데 역시나 새벽 일찌감치 도착해 최고 선두 그룹에서 등반을 시작할 수 있었습니다.

지난번 관음사 탐방로는 상당히 경사가 높아 힘들었던 기억이 있기에 단단히 마음먹고 왔는데, 웬걸, 성판악 코스는 길이 아주 완만하고 평이한 것이었습니다.

거리만 좀 더 길 뿐이지 등산 난이도는 완만하여 훨씬 수월했습니다. 그래서 거의 평지를 걷는 기분으로 아침 조깅하듯이 사뿐히 뛰어올랐고 좀 경사진 구간에서만 조심히 걸어 올라갔는데, 한라산을 후딱 올라 아침 8시 10분에 벌써 백록담에 도착했습니다.

6시 정각에 출발했으니 불과 2시간 10분밖에 안 걸린 것입니다. 게다가 제가 1등으로 올라왔습니다.

백록담 위에 사람이라고는 오직 저 하나밖에 없었습니다. 너무도 감격스러워 혼자서 큰 소리로 고래고래 소리를 쳤습니다.

"야호~ 내가 1등이다! 백록담에 나밖에 없다! 내가 한라산의 왕이다!"

뭐 이렇게요. 그런데 쪽팔리게도 소리치고 몇 분도 채 안 되어 반대편 관음사 코스에서 첫 번째로 올라오신 아저씨가 저에게 픽 웃으며 산울림 잘 들었다고 인사를 건넸습니다.

뭐, 쪽팔림은 잠시뿐이죠. 어쨌든 평생 기억에 남을 추억을 하나 만들었으니 그거면 된 것입니다.

이후에 제가 지인들에게 한라산 정상까지 2시간 10분 걸렸다고 말하니 많은 분들이 믿지 않으십니다.

일반인들은 4~5시간 걸리는 거리이고 등산 경험 많은 사람도 2시간 반 이상 걸리는데, 전문 산악인도 아니면서 어떻게 2시간 10분 만에 올랐냐는 것입니다.

저도 의아합니다. 하지만 사실인 것 어찌합니까. 곰곰이 생각해봐도 제주살이하면서 경치 좋고 공기 좋은 데서 운동 많이 해서 체력이 좋아졌다고밖에 볼 수 없습니다.

가을, 한라산 구름 위로 산행(2022년 11월 5일)

강화도에 있었을 때는 마니산을 동네 뒷동산처럼 거의 매주 올라다녔습니다. 한라산은 마니산보다 4배 정도 더 높으니 그처럼 매주 다니기는 부담되지만 그래도 계절 별로 한 번씩은 올라보려고 합니다.

그래서 지난 여름과 가을의 한라산은 올라봤으니 이번엔 겨울 한라산의 멋진 설경이 보고 싶었습니다. 마침 설 연휴에는 한라산 예약 인원이 많지 않아서 설 명절 연휴 첫날인 2023년 1월 21일에 세 번째 한라산 등반을 했습니다.

겨울에 쌓인 눈이 그대로 얼어붙어 등산로가 미끄러워서 지난번처럼 뛰어 오르지는 못하고 아이젠 착용 후 조심히 걸어 오르다 보니 2시간 반 만에 백록담에 올랐습니다.

눈 쌓인 어려운 조건에서도 2시간 반밖에 안 걸렸으니, 역시 제주살이를 통해 체력이 좋아진 게 맞는 것 같습니다

겨울, 한라산 백록담에서 상고대를 느끼며(2023년 1월 21일)

백록담에서 바라본 제주도의 한겨울 풍경과 나뭇가지에 맺힌 눈꽃 상고대 풍경은 가히 예술이었습니다.

이 글을 쓰고 있는 때가 2023년 2월인데, 조만간 꽃 피는 봄이 오면 또한 번 한라산에 봄나들이 겸 올라 볼 생각입니다.

이제부터는 관음사나 성판악 코스가 아닌 다른 코스로 올라 보려고요. 이제는 동네 뒷동산이 강화도 마니산에서 제주도 한라산으로 바뀌었답니다.

구내식당, "카페테리아 춘대래"

법인 사옥이 생기면 꼭 꾸며보고 싶었던 공간이 있었습니다. 별 건 아니고 그저 소박하게 와인바 하나 갖춰놓고 싶었습니다.

　저는 TV를 거의 보지 않지만 와이프님이 즐겨보시는 '나 혼자 산다' 프로그램을 가끔씩 곁눈질로 보면 '나래바', '남영관' 같은 집주인의 개성을 살린 멋들어진 주방 식탁들을 보면서 저도 저만의 감성돋는 와인바를 하나 꾸며보고 싶었습니다.

　와인바 인테리어를 검색해보니 비용이 어마어마하네요. 그래서 사람들이 흔히 생각하는 그런 고급스러운 와인바는 일찌감치 마음 접었고, 그냥 저 혼자 분위기 있게 와인 한 잔 곁들이면서 잔잔한 음악 들으며 책 읽을 수 있는 공간을 만들고자 했습니다.

　일절 값비싼 가구는 사용하지 않고 인터넷으로 몇만 원이면 바로 구입할 수 있는 저렴한 바 테이블을 주문해서, 비양도가 바라보이는 커다란 테라스 창문 앞에 배치했습니다. 마치 바(Bar) 테이블처럼요.

좋더라고요. 거기에 앉아서 석양 지는 비양도 앞바다 저녁노을을 바라보며 와인 한 잔 홀짝거리니 정말 감성 돋았습니다.

게다가 제가 가장 애청하는 KBS 클래식 FM 라디오를 곁들이며 책을 읽고 있노라면, 정말로 성공한 인생 같다는 행복감이 밀려오곤 합니다.

제주 법인 사옥 와인바에서 비양도 앞바다 일몰을 바라보며

이렇게 며칠 지내다 보니 이왕 와인바랍시고 꾸민 김에, TV에서 봐오던 '나래바'나 '남영관'처럼 독특한 저만의 이름을 붙이고 싶었습니다.

그래서 며칠 동안을 생각해봤습니다. 참 할 일 없지요? 이런 걸로 며칠이나 고심에 잠기다니. 제가 봐도 좀 웃기네요. 하지만 저 나름대로는 무척 진지했습니다.

해안도로 달리면서도 생각해보고, 비행기 타고 집에 다녀오면서도 생각해보고, 한라산 오르면서도 생각해보고. 오랜 생각 끝

프리랜서 기술사의 창조 인생

에 문득 '춘대래'라는 이름이 떠올랐습니다.

춘대래. 그 의미는 다음과 같습니다.
1. 일본어(츤데레): 법인 대표로서 직원들에게 막 대할 것 같지만, 은근히 잘 대해 준다.
2. 중국어(春大來): 내 인생에 봄날이 크게 다시 돌아온다.
3. 한국어(춘대래): 춘성이가 대성해서 제주도를 왕래한다.

처음에는 단순하게 제 이름이 '춘성'이니 이왕이면 저와 연관 있어 보이게 '춘'이라는 키워드가 들어갔으면 좋겠다고 생각했었고, 그러다 우연히 일본말 '츤데레'가 떠올랐습니다.

한국 정서상 일본말은 그다지 호감이 가지 않아서 적당한 한국말을 찾아서 꿰맞추기식으로 꼬리에 꼬리를 이어 말을 가져다 붙여보니 거창하게 이런 뜻을 만들어졌습니다.

그날이 마침 제가 한라산을 처음 등반했던 2022년 8월 28일이었습니다. 저는 실행력이 좀 빠른 편이다 보니 '옳다구나~!' 싶으니 바로 후속 작업을 진행했습니다.

한라산 등반 후 귀갓길에 다이소 매장에 들러 화이트보드와 장식용 인공조화를 사 들고 와 일필휘지(?)로 저만의 와인바 간판을 만들어 내었습니다.

법인 사옥 구내식당 카페테리아 춘대래

그리고 이어 기존에 부착해 두었던 '대표이사실' 명판과 라임
(rhyme)을 맞춰, 정식으로 '춘대래' 명판까지 추가로 제작해서
2층 주방 입구에 부착했습니다.

비록 인터넷으로 구입한 싸구려 테이블과 다이소의 인공조화
로 장식된 공간이지만, 저에게 있어서는 정말 의미가 큰 최애 휴
식 공간이 만들어졌답니다.

제주 법인 사옥에서 낮에는 대표이사실에서 일을 보거나 외부
올레길을 걷지만, 저녁에는 항상 구내식당 '카페테리아 춘대래'
에 앉아 와인 홀짝거리며 저만의 독서와 사색의 시간을 보내고
있답니다.

카페테리아 춘대래 명판 부착

잔금, 법인 사옥 소유권 이전

2022년 9월, 법인 사옥 건물 신축 후 5년이 지나 본격적으로 단독주택에서 근린생활시설(사무실)로 용도변경을 신청하였습니다.

지자체 담당 공무원의 검토를 거쳐 10월 초에 용도변경이 승인되었고, 매도자와 조율하여 10월 31일 잔금 지급하고 명의이전 등기하였습니다.

비록 1억9,000만 원의 담보대출이 끼어있기는 하지만, 그래도 명백히 제가 지분 100% 보유한 법인의 소유가 되었기에, 갖다 붙여 보자면 법인 설립한 지 반년 만에 총자산 근 4억 원의 자산을 가진 회사로 법인 규모를 키운 것이라 하겠습니다.

건물 소유권을 완전히 넘겨받은 후 다음 절차로 법인사업자 본점 주소지를 공식으로 변경 신청했습니다.

그리고 내친김에 과학기술정보통신부에서 관리하는 공식 기술사사무소에도 제주도 법인 사옥을 본점 주소지로 하여 개설등록하였습니다.

기술사사무소라고 하면 일반인들은 잘 모르실 수 있는데, 법조계 업역에서는 변호사사무소와 법무사사무소를 개설할 수 있고, 세무 회계 업역에서는 세무사사무소 및 회계사사무소를 개설할 수 있고, 의료계 업역에서는 의원을 개설할 수 있듯이, 이공계에서도 기술사 자격을 소지한 사람은 기술사사무소를 개설하여 운영할 수 있답니다.

기술사사무소를 개설한다고 해서 뭐가 크게 특별한 혜택이 있는 것은 아니지만, 그래도 대외적으로 사업 홍보할 적에 좀 더 공신력을 인정받을 수는 있습니다.

그리고 실제로도 기술사사무소 개설등록증을 활용한 홍보로 더 많은 사업수주의 효과도 보고 있고요.

이제야 제법 제대로 형식을 갖춘 법인회사의 모습을 갖추게 된 것 같습니다. 법인 사옥도 갖췄고, 공신력 있는 기술사사무소 면허도 받았고.

생각해보면 사업하는 입장에서는 연 소득이 약 2억 원이 넘는다면 개인사업자가 아니라 법인사업자로 운영하는 것이 확실히 더 유리한 것 같습니다.

일단 법인이라는 가상의 인물로 재산에 대한 명의를 분산시킬 수 있으니 절세 측면에서 매우 효과적이라 하겠습니다.

간혹 지인들이 저에게 묻습니다. 대표자 거주지는 송도국제도시인데 법인 주소지는 왜 제주도로 되어 있냐고. 그러면 저는 이렇게 설명해 드리지요.

현재 제주에서는 해상풍력발전 사업이 매우 활황이며, 또한 머지않아 서귀포 성산읍 지역에 제2 제주 국제공항이 건설될 예정으로, 저의 전문 분야인 항만 및 해안, 건설 안전, 토목 품질, 토목 시공 분야의 기술사 자격을 모두 활용하면 사업 확장할 수 있는 기회가 많이 주어지기에, 일찌감치 미리 사업장 본점 소재지를 제주도에 등록해 둠으로써 사업 수주에 유리한 고지를 점하고자 한다고.

하지만 이 말은 그냥 그럴싸하게 가져다 붙인 허울 좋은 말뿐이고(소위, 개 뻥이고), 실상은 경치 좋고 풍경 좋은 제주도에서 매주 3~4일씩 올레길 걷고 해안도로 달리며 여유로운 삶을 살고 싶어서 온 것뿐이랍니다.

그래서 제주도로 비행기 타고 다니고, 또한 올레길 걸을 때 짐을 최소화하려고, 노트북도 추가로 하나 더 구입하여 송도국제도시 자택 사무실과 제주도 법인사무실에 각각 구비해 두었고,

업무자료들은 네이버 마이박스(웹하드)를 이용해 저장 및 업데이트하여, 어느 곳에서든 인터넷 접속만 가능하면 업무수행이 가능하도록 시스템을 구축해 두었답니다.

또한, 지갑도 들고 다니는 게 번거로워 모두 삼성페이, 농협페이 등 전자 결제 시스템을 스마트폰에 앱 설치하여 지갑조차 들고 다니지 않으며, 심지어 신분증조차도 2022년에 처음 도입된 모바일 운전면허증을 누구보다도 빠르게 신청하여 스마트폰 모바일 앱으로 휴대하고 있답니다.

즉, 저는 스마트폰 하나만 들고 다니면 결제, 신분증명 등 모든 업무가 해결 가능하도록 완전한 디지털 노마드 체계를 구축해 두었답니다.

제주살이, 매주 4도 3촌

흔한 대중교통

저는 매주 인천 송도국제도시에서 제주도로 출퇴근을 합니다. 모든 서민이 애용하는 흔한 대중교통인 지하철과 비행기(?)를 타고 말이지요.

집에서 5분 걸어가 인천지하철 1호선 지식정보단지역에서 5:37에 새벽 첫차를 타서, 계양역에서 공항철도로 환승 후 김포공항 국내선 탑승장의 소지품 검색 등을 거쳐 비행기 탑승구 게이트까지 6:50이면 도착합니다.

그래서 약간의 숨 좀 돌릴 수 있는 여유를 주어 7:10이후에 출항하는 비행기를 주로 애용합니다.

그러면 6:53부터는 탑승 시작이니 전혀 대기시간 없이 지하철 내리자마자 천천히 걸어서 비행기 좌석까지 논스톱으로 들어갈 수 있거든요.

이륙 후 제주공항에는 8:30경 내리는데, 제주공항 인근에는 항시 법인 화물차(렉스턴 스포츠)가 주차되어 있으니, 바로 법인차에 올라타서 30분 정도 달려가면 법인 사옥에 도착합니다.

제주살이 초창기에는 제주공항 주차장에 차를 주차했었는데, 하루에 1만 원이라는 비싼 주차비가 매주 3~4만 원씩 발생하니 은근히 돈 아깝더라고요.

그래서 요즘은 공항에서 약 2km 떨어져 있는 무료 공영주차장에 주차해놓고 운동 삼아 좀 걸어 다니고 있습니다.

거의 특별한 일 없으면 매주 평일 중에 이런 식으로 한 번씩 출근하고 있습니다.

퇴근은 출근 절차의 역순으로 진행하는데 제주 법인 사옥에서 주로 새벽 5:00경 출발해 6:00 이전에 공영주차장에 주차한 후 2km 걸어가 6:30 또는 7:00 비행기를 타고 퇴근합니다.

시간활용 측면에서는 대기시간 없이 6:30 첫 비행기를 타는 게 더 좋은데 첫 비행기는 상대적으로 이용객들이 더 많은지, 7:00 비행기보다 1~2만 원 더 비싼 경우가 많더라고요.

구태여 1~2만 원 더 내고 30분 일찍 갈 필요는 없다 생각해서 주로 7:00 비행기를 애용하며, 남는 시간 동안 공항 면세점 구경도 하고, 책도 읽으면서 재미있게 시간 보냅니다.

아침 8시 좀 넘어 김포공항에 착륙하면 다시 출근의 역순으로 공항철도를 타고 계양역에 와서 인천지하철 1호선으로 환승해 그대로 쭉 송도국제도시까지 돌아옵니다. 그러면 송도 자택에는 거의 9:30 정도면 귀가합니다.

출퇴근 요일은 그때그때 일정에 따라 조금씩 다르지만, 특별한 일이 없다면 매주 화요일 또는 수요일 아침 비행기로 제주로 출근해서, 금요일 새벽 또는 토요일 정오 즈음의 비행기로 퇴근합니다.

이 시간 때가 제주로 놀러 다니는 여행객이 많지 않아서 상대적으로 항공료가 가장 저렴하거든요.

매주 비행기 타고 다닌다고 하면 많은 분이 항공료가 비싼데 어떻게 매주 다니느냐고 종종 궁금해하시는데, 위와 같이 여행객이 별로 없는 요일과 시간대를 골라서 이용하면 큰 부담 없이 비행기를 이용할 수 있답니다.

상대적으로 제주 여행 비수기인 3월부터 6월과 9월부터 10월의 대학생들 학기 기간에는 편도 3~4만 정도면 비행기 타고 다닐 수 있어 웬만한 KTX나 고속버스보다도 저렴합니다.

성수기라 볼 수 있는 학생들 방학 기간(7~8월, 12~2월)에는 여행객 많이 몰리기는 하지만 1주 정도 여유를 가지고 미리 예매한다면 편도 8만 원 이내에 다닐 수 있습니다.

그리고 11월은 제 경험상 준 성수기라 생각됩니다. 비록 학생들 방학 기간은 아니지만, 각종 학회나 협회의 세미나 또는 회사에서의 연수 활동 등이 주로 선선한 가을 날씨인 11월에 많이 몰립니다.

그래서 11월도 은근히 항공료가 인상된답니다.

비수기와 성수기의 항공료를 모두 합쳐 전체 평균으로 보자면 편도 5만 원 정도라 할 수 있겠네요. 왕복으로 계산하면 매주 평균 10만 원, 한 달 평균으로 따져보면 약 40만 원이 출퇴근 비용

프리랜서 기술사의 창조 인생

으로 지출되는 것입니다.

이렇게 따져보면 인천 또는 경기도 권역 주거지에서 서울 강남이나 강북의 업무지역에 자가용 차량으로 출퇴근하는 비용과 별반 차이가 없답니다.

그리고 항공료가 비싸지는 여름방학과 겨울방학 휴가철 극성수기에는 제주도의 상주 기간을 3~4일에서 1주일 단위로 늘려버리면 통근비를 50% 절감할 수도 있지요.

법인사업을 통해 월평균 5,000만 원 이상을 벌고 있는데 월 40만 원 정도 교통비 지출은 아무것도 아니지요.

비행기 타고
출퇴근하며 느낀 단상

비행기를 1년에 한두 번 가끔 여행 갈 때만 이용했던 예전에는 비행 중 기체가 조금만 흔들려도 겁나고 두려움에 쫄았는데, 이제는 매주 비행기를 왕복으로 타고 다니다 보니 항공 안전에 대한 확고한 믿음이 생겨서 전혀 걱정하지 않습니다.

단순히 경험이 많이 누적되어 항공 안전에 대해 몸으로 느낀 것도 있지만, 관심이 있다 보니 항공 안전과 관련된 책도 여러 권 읽어봤기에 이론 지식과 실전 경험이 조화를 이루면서 확고한 신뢰가 생긴 것이지요.

우리나라 항공 안전 시스템은 매우 체계화되어 있어 위험성이 있으면 아예 이륙을 못 하게 통제해버리지, 사고 위험을 감수하면서 비행기를 운항시키지는 않습니다.

이렇게 매주 비행기에 탑승해보니 이제는 비행기 이륙부터 착륙까지 항공기 운항의 전체 과정과 항공사 승무원 각자의 분업화된 업무 내용들이 머릿속에 꿰어져 있답니다.

또한, 매주 거의 같은 요일, 같은 시간대에 비행기를 타다 보니 이제는 항공사 승무원들도 몇몇은 얼굴 낯이 익습니다.

젊고 싹싹한 승무원들을 보면 예전에는 '공부 잘해서 좋은 회사 취직했구나. 인생 부럽다.' 이런 생각이 들었는데, 요즘은 그저 안타깝다는 생각이 듭니다.

'기껏 좌석 안내하고 서빙이나 하려고 비싼 등록금과 각종 학원비, 게다가 어학연수까지 많은 돈 들어가며 그렇게 열심히 공부했나?' 뭐 이런 안타까운 마음이 많이 듭니다.

마치 군대 가기 전에는 휴가 나온 군인을 보면 늠름하고 강인해 보이고 멋져 보였는데, 막상 본인이 군대 제대하고 난 후 휴가 나온 군인을 보면 '아직 솜털이 보송보송한 앳된 애기들이 낯선 곳에서 군 복무한다고 고생이 많구나'라는 생각이 드는 것과 같은 것 같습니다.

저 또한 하청업체에 다닐 적이나 현대건설에서 현채직으로 직장생활 할 적에는 대기업 정규직으로 다니는 사람들 보면 엄청 부럽고 선망의 대상이었지만, 직장을 졸업(?)하고 자유로운 프리랜서 기술사의 삶을 살고 있는 지금의 입장에서는, 아무리 좋은 대기업이라고 해봤자 똑같은 월급쟁이일 뿐이라는 안타까운 생각이 드는 것과 매한가지랍니다.

또 한편 공항에서 근무하는 어리고 앳된 수많은 보안요원들도 볼 때마다 여러 가지 생각이 들게 만듭니다.

항공기 승무원은 그래도 최소한 영어 회화 능력과 단정한 외모라는 자신만의 기술력(?)을 보유하고 있다지만, 공항 내 소지품 검색하는 보안요원들은 저 업무가 뭐 특별한 기술력이나 전문성을 필요로 하지 않을 것이기에, 대체 보안요원 선발기준은 무엇인지?

또 업무가 특별한 전문지식이나 전문기술이 불필요한데 과연 연봉 수령액은 얼마나 될지? 뭐 이런 것들이 공항에서 볼 때마다 궁금해집니다.

대놓고 얼마 버느냐고 물어볼 수는 없지만 업무에 전문성이 불필요한 만큼 아마도 아르바이트생 최저 임금보다 약간 더 주는 정도의 연봉 수준이지 않을까 싶습니다.

이런 게 왜 궁금하냐면, 제 눈에는 공항에서 눈에 보이는 보안요원분들이 죄다 20대 갓 넘은 사회 초년생들처럼 보이기 때문입니다.

물론 제가 제대로 못 봐서 나이 많은 보안요원이 있을 수도 있지만, 어쨌든 제가 매주 두번 씩 공항 오가면서 관찰해봤을 때, 보안요원 중 40대 이상의 얼굴은 제 경험상으로는 단 한 명도 못 본 것 같습니다.

40대는커녕 30대 중후반의 보안요원들도 거의 보질 못했습니다. 죄다 20대의 젊디젊은 앳된 친구들이었지요.

그렇다면 공항의 보안요원들은 모두 나이 먹으면 자동으로 잘리는 임시 계약직 신분일까요?

음… 아마도 그들을 고용하고 있는 한국공항공사 같은 공공기업에서는 그리하지 못할 것 같은데, 대체 왜 제 눈에 보이는 보안요원들은 죄다 20대 청년들밖에 없는 것일까요?

나이 많은 보안요원들은 대외적으로 눈에 띄지 않는 사무직군으로 돌린다고 가정해도 공항에 돌아다니는 그 많은 20대의 인력들이 모두 옮겨갈 만한 사무직 자리가 있을 리 만무할 텐데, 대체 공항 보안요원들을 나이 많이 먹으면 어찌 되시는 걸까요?

제가 이런 내용을 쓰는 이유는, 항공사 승무원이나 공항 보안요원 등 눈에 자주 보이는 젊은 청년들이, 종종 언제 끊어질지 모르는 썩은 동아줄에 매달려 있으면서 마치 튼튼한 와이어로프라고 착각하는 듯, 불안전한 현실에 너무 안주하는 듯한 모습들을 종종 보면서 안타까운 마음이 들어 한 번 장황하게 풀어본 것입니다.

본인의 전문성과 기술력을 높이기 위해 강점을 부단히 노력하고 발전시켜, 본인이 본인의 시간을 스스로 지배할 수 있는 여유 있는 삶을 살아야 할 텐데, 회사 조직에 본인의 시간을 지배받는 삶에 너무나도 안주하고 있는 것 같아, 안타까움에 한번 주절거려봤습니다.

흔한 대중 교통(?)타고 매주 제주도 출퇴근 중

평일 새벽, 성산 일출봉에서 일출맞이

프리랜서 기술사의 창조 인생

매주 10권 독서

제주도에 오기 전에는 매주 평균 책 5권 정도를 읽었습니다. 제가 자택에 있을 때 주로 애용하는 송도국제도시 해돋이도서관에서는 한 번에 대여할 수 있는 한계치가 5권이었기 때문이지요.

제주도 한림읍 법인 사옥에 입주한 이후 제주도에서도 책을 빌려보기 위해 근처 도서관을 알아보니, 읍내에 있는 한수풀도서관에서는 매주 수요일과 금요일에는 한 번에 최대 10권이나 대여할 수 있는 것이었었습니다.

그래서 그때부터 송도 해돋이도서관은 발길 끊고, 주로 제주 한수풀도서관으로만 다니고 있습니다.

도서관 갈 때 튼튼한 장바구니를 같이 들고 가서 한 번에 10권씩 빌려오고 있는데, 빌려온 책 10권을 구내식당(카페테리아 춘대래) 와인 테이블 위에 쌓아두고 매일 저녁, 맥주나 와인 홀짝거리며 하루에 3~4시간씩 집중해서 책을 읽으니 속도가 붙습니다.

제주 법인 사옥에는 TV도 없고 사람도 없어서 아주 책 읽기에 최적의 조건입니다. 그래서 거의 매일 저녁 6시부터 9시까지는 집중해서 책을 읽는데 하루에 1권 정도는 완독하는 것 같습니다.

게다가 매주 흔한 대중교통(?)을 타고 날아다니며 출퇴근하다 보니 대중교통 안에서만도 편도 1.5권씩, 왕복으로 3권 정도는 읽고 있습니다.

그래서 저는 출퇴근하는 시간을 통근 시간이라는 표현 대신, 집중 독서 시간이라고 표현한답니다.

어떤 이들은 책은 무조건 직접 돈 주고 구입해야 여백에 메모 남기고 밑줄 그어가면서 읽을 수 있고, 그래야만 제대로 정독했다고 할 수 있다던데, 저는 그리 생각하지 않습니다.

책을 비싼 돈 주고 샀는데 내용이 영 쓰레기 같으면 얼마나 억울하고 아까운데요.

책 내용이 좋은지를 미리 검사해본다고 문고점에 서서 이것저것 훑어보면 되겠지만, 그 시간도 너무도 아깝습니다.

문고점에 갔다 오는 시간과, 이 책 저 책 훑어보는 시간이면 차라리 도서관에서 대충 끌린다 싶으면 뽑아 들고 와서, 춘대래에서 훑어보면서 정독할 책과 대충 발췌독하고 끝낼 책을 분류하는 게 훨씬 효율적입니다.

물론 저명한 독서 평론가들이 추천한 책들만 골라서 구입한다면 좋은 책을 고를 수 있는 확률은 높겠지만, 이미 평론가 사이에서 내용 괜찮다고 추천받은 책들만 구입한다면, 독서의 범위가 그 평론가들의 관점과 시선 수준에서만 머무르게 될 우려가 있습니다. 독서의 스펙트럼이 좁아지는 문제가 생기는 것이지요.

그래서 저는 도서관에서 깊게 안 살피고 제목과 소재에 관심이 가면 그냥 뽑아 들어 빌려옵니다.

제가 매주 10권씩 읽을 수 있는 비법 중 하나가 또 이것입니다. 허접한 책들은 발췌독으로 대충 훑어보고 끝내기.

책을 읽다 보면 제목은 거창한데 내용이 완전히 허접한 책들이 종종 있지요.

제가 가장 싫어하는 책 유형은 작가가 본인 이야기를 쓴 게 아니라, 여기저기 다른 책에 쓰여있는 내용들이나 다른 사람의 경험담과 사례 들을 짜깁기 편집하여 구성한 책들입니다.

주로 수많은 자기계발서가 이런 류에 속하는데, 간혹 평론가들 사이에 좋은 평을 받은 책들도 있지만, 어쨌든 저는 작가 본인의 이야기가 아닌 남의 이야기를 옮겨 적은 것은 별로 흥미가 없습니다.

두 번째로 싫어하는 책 유형은 유명인의 자기 이야기를 윤문 형식으로 전업 작가가 대필한 책들입니다.

주로 정치인과 기업인이 출간한 자서전이 이런 유에 많이 속하는데, 높은 양반들이 대충 몇 마디 떠들면 대필 작가들이 살을 붙여 과장된 내용으로 그럴싸하게 책으로 만드는 형식입니다.

저는 이런 류와 같이 남의 이야기를 소재로 다룬 책들을 아주 싫어합니다. 이런 책들은 제목에 속아 도서관에서 빌려왔더라도 구태여 꼼꼼히 정독을 안 합니다.

도서관에서 양손 무겁게 들고 왔으니 아예 안 읽기에는 아깝고, 그렇다고 정독할 수준은 안 되고, 이런 책은 듬성듬성 빠르게 넘기면서 읽을만한 부분만 찾아서 읽는 발췌독을 적용합니다.

아마도 책 10권 빌려오면 거의 2~3권은 이런 유형의 정독할 가치가 없는 책들이 섞여있는 것 같습니다.

반면 제가 가장 좋아하는 책 유형은 작가 본인의 경험과 생각, 지식을 사실에 입각해 풀어 쓴 책들입니다.

필체가 투박하고 이름 없는 무명의 작가일지라도 그 내용이 본인의 경험을 녹아 있는 실전적인 것이라면 매우 흥미있게 잘 읽힙니다.

최근에 읽었던 책 중에 이런 유의 책을 몇 개 예를 들자면, 현직 검찰 수사관이 검찰직 공무원 지망생을 위해 쓴 검찰 수사관의 이야기라든가,

파리바게뜨 직원이 해외 주재원으로 싱가포르에 근무하면서 오차드로드 핵심 상권에 자신의 브랜드를 입점시키고 운영했던 경험을 쓴 책이라든가,

카투사 출신 영어 강사가 본인의 카투사 군 복무했던 경험을 쓴 책 등이 그렇습니다.

유명한 사람의 책이야 원체 유명인이니 당연히 좋은 내용이겠지만, 이런 유의 무명 작가가 본인의 경험을 풀어쓴 책이야말로 저에게는 진흙 속에 숨겨진 진주와도 같은 보물입니다.

매주 출퇴근하면서 흔한 대중교통(?)에서 집중해서 책을 읽다가 문득 주변을 둘러보면, 손에 책 들고 있는 사람을 거의 볼 수

프리랜서 기술사의 창조 인생

없습니다. 정말 어쩌다 한 명 있을까 말까 하더라고요.

특히 지하철에서는 죄다 스마트폰을 손에 들고 계시는데, 물론 그중에 스마트폰을 이용해 교육 영상을 시청하시거나 전자책을 읽으시는 경우도 간혹 있겠지만, 늘 항상 제 양옆에 앉아있는 분들은 죄다 스마트폰으로 헛짓거리(?)들을 하고 있었습니다.

가장 많이 하는 게 웹툰이나 드라마를 보는 것이었고, 두 번째로 많이 하는 게 게임하는 것이었습니다.

참으로 시간이 아깝지 않나 봅니다. 사람들은 모두 주어진 시간은 동일한데 그 시간을 어찌 활용하는가에 따라 그 사람의 미래가 달라진다 생각합니다.

소중한 대중교통에서의 시간을 저렇게 헛되이 버리시다니, 안타까움을 금할 길이 없습니다.

스마트폰을 신의 탈곡기라고도 한다죠. 세상에 모습을 드러낸 지 이제 십 년 좀 넘은 이 신문물을 유익하게 잘 활용하는 누군가는 학습효율과 업무능력을 향상시킬 수 있는 도구로 사용하는 반면, 무익하게 사용하는 누군가에게는 언제든지 머릿속을 텅 비워버릴 수 있게 만들어 바보를 더욱 바보로 만들어버리는, 인간 탈곡 기능이 있다고 합니다.

대중교통에서 이렇게 스마트폰 만지작거리며 만화나 드라마 보시는 주변 사람들을 보면, 제가 지금 이렇게 일반인들보다 나름대로 여유있게 프리랜서 기술사로 사는 이유를 알 것 같습니다.

전부 다 책을 많이 읽어서 그런 것입니다.

'그래. 당신들은 앞으로도 쭉 그렇게 살아. 나는 앞으로도 이렇게 쭉 책을 읽을 테니. 그러니까 당신들은 여태껏 그렇게 살고 있는 거고, 나는 마흔 중턱 부터라도 이렇게 살고 있는 거야!'

제주 법인 사옥과 출퇴근 길에 항상 책읽기를 곁들이며~

프리랜서 기술사의 창조 인생

선택과 집중

선택과 집중이라는 것은 참으로 중요한 것 같습니다. 특히나 저와 같은 프리랜서에게는 정말 신중히 선택하여 온 마음을 다해 집중해야 할 것입니다.

프리랜서로서 음식점 자영업을 비유로 예를 들어보겠습니다. 다들 아실 만한 상식이지만 메뉴판이 복잡하고 다양한 식당치고 장사 잘되는 곳이 거의 없습니다.

돈 버는 식당들은 대부분 두어 가지 주력 메뉴를 정해놓고 그 메뉴에만 집중하는 것이지요.

그래야 재료 소진도 빨리 되어 신선한 재료가 수시 공급될 것이고, 테이블 회전도 빠르며, 주방의 조리 실력도 단일 메뉴라서 딱 규격화되어 고품질의 일정한 맛을 낼 수 있을 것입니다.

프리랜서 기술사 활동도 마찬가지입니다. 저의 경우, 강의, 심의, 자문, 점검 등의 대면 업무와 각종 법정 계획서 작성 대행 등의 비대면 업무가 모두 가능하나, 저의 몸은 하나이고 주어진 시간은 남들과 동일합니다.

그렇기에 저는 요즘에는 비대면 업무를 선택하여 집중적으로 수행하고 있고, 그 판단이 잘 들어맞았기에, 이렇게 제주도 바닷가에서 4도 3촌 하면서 나름대로 여유 있고 즐거운 시간을 보내고 있는 것입니다.

막상 글은 위처럼 거창하게 썼지만… 제가 뭐 이런 고급스럽고 원대한 뜻을 가지고 강의 등의 대면 업무를 모두 중단하고 비대면 업무에 집중했던 것은 아닙니다.

지극히 단순히 강의, 자문 등의 대면 업무보다 전문적인 서류 작성 대행 비대면 업무가 훨씬 더 가성비가 좋았기에, 그저 돈 더 쉽게 많이 벌고 싶은 마음에 비대면 사업 영역에 집중했던 것입니다.

그 와중에 운 좋게도 이러한 비대면 사업 집중 전략이 위 식당 사례처럼 선순환을 일으켜 점점 더 몸은 편해지고, 일은 적게 하면서 돈은 더 많이 버는 구조로 발전하게 된 것이지요.

좀 더 구체적으로 설명해보겠습니다. 우선은 대면 업무를 대부분 중단해버리니 엄청나게 많은 시간이 확보되었습니다.

기본적으로 제가 사는 송도국제도시에서 가장 일거리가 많은 서울 강남으로 이동한다고 가정하면, 자가용을 타고 다녀도 교통시간만도 왕복 3시간은 걸릴 텐데 우선 이 시간을 벌었습니다.

또한 강의 활동의 경우 평균 1시간 정도는 여유 있게 일찍 도착하여 교육 담당자와 인사도 나누고, 강의실 상태도 점검하고, 필요시 리허설도 한 번 해봐야 하는데, 이 시간 또한 절약되는 것입니다.

게다가 강의를 위해 대외적으로 깔끔한 이미지를 전달한다고 머리카락에 왁스 발라 헤어스타일 꾸미고, 고급 셔츠에 넥타이 둘러맨 정장 수트 차려 입고, 향수 뿌리는 등의 꾸미는 치장 시간도 필요 없어지는 것입니다.

그러니 그나마 근거리인 서울 강남으로 출강한다고 가정했을 때만도 하루에 5시간 정도 시간이 절약되는 셈인데, 멀리 지방 출장 업무와 비교한다면 대체 얼마나 많은 시간이 절약되는 것이겠습니까?

강의 같은 대면 업무를 주업으로 했을 때 저의 시간당 인건비는 최소 15만 원 정도 였습니다. 하지만 이 돈은 교통 시간이 포함되지 않은 것이지요.

교통 시간을 포함해 다시 시간당 인건비를 계산해보면 아마도 평균 10만 원 정도 될 것 같습니다.

이후 비대면 업무로 사업 업역을 완전히 전환 시킨 지금은 시간당 약 30만 원 정도를 제 표준 인건비로 책정하고 있습니다.

기본적인 가성비 증가는 물론, 교통 시간 절약에 의한 효과로 투입되는 시간 대비 단위 소득이 3배 정도 늘어난 것이지요.

그러니 월 단위로 계산해보면 이전 대면 활동 위주였을 때에는 평균 1,700만 원 정도였던 월 소득이 평균 5,100만 원 정도로 수직 상승한 것이고, 연 소득으로 환산해보자면 약 2억 원이었던 연봉이 약 6억 원으로 퀀텀 점프하게 된 것입니다.

연봉 6억 프리랜서

프리랜서 기술사로서 선택과 집중을 적용한 결과, 단순히 벌어들이는 소득만 늘어난 것이 아니라, 불필요한 지출의 감소도 크게 효과를 보고 있습니다.

즉 실질소득이 더 증가되는 것인데, 그중 가장 큰 지출 절감 항목이 대외적으로 보여주기 위한 꾸미기 치장 비용입니다.

대표적으로 남들에게 보여주기 위한 고가의 자가용, 명품 시계, 고급 정장 등의 항목입니다.

제가 앞서 2020년에 출간한 『새벽 4시, 연봉 2억 프리랜서가 되는 시간』 책에는 프리랜서 교수들은 비싼 차를 몰고, 고급 정장을 착용하고 있으면 몸값이 비싸 보여 더 잘나간다고 써두었는데, 돌이켜보니 그때 그 수준에서는 맞는 말이었지만 지금 제 수준에서는 틀린 말입니다.

그때 그 글을 쓸 때 연봉 2억 프리랜서였던 당시의 제 수준에서는 맞는 말이었지만, 3년이 지나 연봉 6억 프리랜서가 된 지금의 저의 관점에서는 확연히 틀린 말이라는 뜻입니다.

역시 사람은 변화해야 발전이 있는 것 같습니다. 지금까지도 그때 그 연봉 2억 프리랜서의 삶에 만족을 느끼고 안주했다면, 아마도 3년 전과 똑같은 삶을 살고 있었겠지요.

매일같이 강의하러 다니고, 공사 현장 점검 다니고, 관공서에 설계심의 다니면서, 나름 전문직 프리랜서로서 돈 잘 벌고 잘나 간다고 스스로 만족하고 있었겠지요.

이제 저는 완전한 비대면 사업으로 선택과 집중을 한 덕분에, 구태여 누구에게 잘 보일 필요가 없다 보니 비싼 차를 탈 이유도 없고, 넥타이 맨 고급 정장을 입고 나갈 필요도 없습니다.

그렇기에 제주도에서는 법인 소유인 화물차(렉스턴 스포츠)를 만족스럽게 타고 다니는 것이고, 내륙 자택에서는 이전에 구입 해 두었던 이제 5년 차 된 제네시스 G80 차량에 만족하며 그대 로 타고 다닙니다.

현재로서는 앞으로도 지금 타고 다니는 차들이 고장 나거나 말썽을 피우기 전까지는 구태여 돈 들여 BMW나 벤츠와 같이 고급 신형차로 바꿀 생각이 전혀 없습니다.

자가용만 가지고 예를 들었지만 이런 측면에서 보자면 비대면 으로 선택과 집중을 한 덕분에 차량뿐만 아니라, 외모를 가꾸기 위한 의류와 시계 등 각종 액세서리 비용까지도 자연스레 절감 하게 된 것이지요.

모임과 행사 참여에 대한 생각

선택과 집중에 대한 생각에 이어서 이번에는 각종 모임과 행사 자리에 대한 지금의 저의 생각을 써보겠습니다.

저도 대면 활동이 주업일 때에는 모임과 행사에 참여하는 자리가 꽤 많았습니다.

대부분이 영업과 홍보 활동을 목적으로 학연과 지연을 바탕으로 한 수십 개의 모임 및 행사에 참여했었지요.

여러 모임 활동 중 상대적으로 적극 참여했던 몇 가지 사례를 예로 들어보겠습니다.

학연 모임으로는 대학원 박사학위 동문으로 구성된 연구실 모임에 매우 열성적으로 참여했었고, 이 외에도 한국지반공학회, 지반신소재공학회, 항만협회, 한국기술사회 등 수많은 학연 모임에 참여했었습니다.

지연 모임으로는 인천 송도국제도시를 주 활동 지역으로 하는 나름 지역 유지분들의 월례 모임에 꼬박꼬박 참석했었으며, 거주하는 아파트의 입주자 동대표 활동은 물론, 새로 입주할 분양

받은 아파트의 입주예정자 협의회 회장으로 당선되어 활동하기도 했었습니다.

다 지나고 나서야 솔직히 말하는데, 이 모든 활동이 다 저의 이력 사항에 한 줄 더 스펙으로 써놓고, 강의와 점검, 심의 등의 대면 업무 홍보를 위한 인맥 확장이 주요 목적이었습니다.

쉽게 말해서 궁극적으로는 대면 프리랜서 활동의 업역 확장을 위한 영업활동이 이 모든 모임과 행사 참여의 주목적이었던 것이지요.

하지만 비대면 사업으로 주력 분야를 집중하는 지금은 어차피 얼굴 볼 일 없고, 사업 홍보 영업활동도 온라인 인터넷으로 모두 가능하니, 이런 오만가지 각종 모임과 행사에 참석할 필요가 없어졌습니다.

그래서 지금은 너무나도 홀가분합니다. 이전에는 자유로운 프리랜서라고 말하고 다니면서도 매주 2~3차례는 밤에도 각종 모임과 행사에 불려 다니며 홍보하고 영업한다고 많은 시간을 빼앗겼는데, 이제는 저녁은 100% 온전한 저만의 시간이 된 것이지요.

그래서 제주도에 혼자 있을 때에는 와인과 맥주를 홀짝거리며 매일 한 권씩 독서에 집중하고 있는 것이고, 송도국제도시 자택에 있을 때는 오롯이 가족들과의 저녁 시간에 집중할 수 있게 된 것입니다.

돌이켜 생각해보면, 이런 각종 모임에 참석하는 이유가 결국에는 다 돈 때문입니다. 돈 벌려다 보니 홍보 및 영업을 해야 하고, 영업하려다 보니 이런 모임과 행사에 참여해 인간적인 친분을 형성하는 게 매우 유리하기 때문이지요.

마치 제가 현대건설에서 필드 공사팀장으로 근무할 적에, 현장 검측 업무 쉽게 풀기 위해 수시로 감리단 및 발주청 감독들과 술자리 벌이면서 '형님~ 형님~' 부르며 인간적인 친분을 형성해 놓고, 이를 이용해 검측을 좀 쉽게 통과시켜 보려 했던 사례와 같은 개념이지요.

이제는 이러한 모임과 인맥의 속박에서 완전히 벗어났습니다. 그래서 그동안 참여해오던 모임 활동 중 월회비 등의 고정적인 비용지출이 발생하는 모임은 모두 더 이상의 참여는 거절했습니다.

그래도 인간적인 친분이 있는지라 매몰차게 딱 잘라 끊지는 못하고, 회사 본점이 제주도 지역으로 옮기게 되어 부득이 제주도 장기 출장으로 더는 모임 참석이 어렵다고 정중히 양해를 구하고 탈퇴 인사를 드렸습니다.

그리고 월회비 등 별도의 비용지출이 발생하지 않는 모임은, 정말 순수한 친목 형성이 목적이기에 탈퇴까지는 하지 않고 관계를 지속 유지하고 있는데, 구태여 오프라인 행사 등에는 참여하지 않고 온라인 활동만 참여하며 가끔 안부를 나누고 있답니다.

과거 대면업무 시 돈벌이를 위해 여러 모임과 행사에 참여하던 시절

비대면 업무로 전환 후 여유 있는 자유시간과 가족과의 저녁 시간

독서로 되찾은 생활 건강

저는 여태까지 살아오면서 가장 삐쩍 말랐을 때가 22살 군대에서 하사 계급으로 복무할 적입니다.

2002년 8월에 상병으로 복무 중이던 육군 1사단 공병대대에서, 현지임관 부사관으로 지원 후 합격하여, 간부 양성 교육을 받기 위해 강경에 있는 육군 부사관학교에 입교했습니다.

그곳에서 6주간의 고된 간부화 훈련을 소화하고 10월 11일에 국방부 9급 공무원인 육군 하사로 정식 임관해 황금 갈매기 모양의 계급장을 양어깨에 달았는데, 그때 피골이 상접할 정도로 삐쩍 곯았던 저의 체중이 약 80kg이었습니다.

제 키가 약 185cm이니 체중 80kg이면 근육량 고려했을 때, 비록 배에 왕(王)자 복근은 없었지만 딱 건장하고 날씬해 보기 좋아 웃통 벗고 다녀도 보기 괜찮을 정도의 몸매였습니다.

그런데 22살 리즈 시절 이후로는 매년 평균 2kg씩 체중이 불어나 근 6년간의 군 복무를 마치고 중사 전역할 때에는 90kg이 되었습니다.

이후 현대건설에 취직하고 결혼한 이후에도 꾸준히 연평균 2kg 정도씩 체중이 불어나 40대 들어선 이후부터는 평균 115kg의 거구의 고도비만 체중을 유지하고 있었습니다.

나름대로 건설 현장에서 필드 뛰던 현장 기술직이라, 현장 돌아다니다 보니 걸어 다니는 운동량이 원체 많았습니다.

그런데도 하루 세끼 꼬박꼬박 다 챙겨 먹고 저녁에는 각종 회식이나 모임에 참석해 푸짐한 술안주까지 곁들이니 체중이 계속 빠지지 않았습니다.

반대로 생각하면 건설 현장에서 두 발로 걸어 다니는 운동량이 많았기에, 그나마 더는 체중이 올라가지는 않고 최대 115kg 선에서 유지되었던 것 같습니다.

고도비만의 뚱땡이였지만 매주 강화도 마니산에 오르는 등 체력에는 어느 정도 자신 있었기에, 스스로를 날렵한 뚱땡이라 생각하며 건강하게 오래오래 잘 살 것이라 믿어 의심치 않았습니다.

그러던 중 2022년 2월에 국가에서 시행하는 의무 건강검진을 받았는데 생전 처음 들어보는 청천벽력 같은 당뇨병 우려 진단을 받았습니다.

심한 대사증후군 상태로서, 당뇨병 진단이 우려되는 상황으로 당뇨병 확진 여부에 대해 정밀검사가 필요하다는 것이었습니다.

의무 건강검진에서는 단순히 피 검사하면서 혈당 체크만 했었던 것인데, 병원에서는 혈당이 꽤 높게 측정되어 당뇨병 우려가 있으니 다시 내원하여 당화혈색소 검사 등의 당뇨병 정밀검사를 받으라는 것이었습니다.

비록 통통하게 살을 쪘지만, 매주 마니산에 오르는 등 건강에는 평소 자신 있다 여겼는데, 당뇨병 소견은 아주 충격적인 소식이었기에 며칠 후 바로 당뇨병 정밀검사를 받았습니다.

그 결과 아침에 공복혈당은 당뇨병 진단 기준치를 초과하지만, 다행스럽게도 식후 혈당이나, 최근 수개월의 평균치를 나타내는 당화혈색소 검사에서는 아직까지는 당뇨병 기준치를 넘지 않아서, 당뇨병 직전 단계라며 건강관리에 각별히 주의하라는 결과를 받았습니다.

그때부터 제 건강에 대해 정말 진지하게 생각하기 시작했습니다. 늘 건강할 줄만 알았던 제 몸도 마흔 중반을 들어서니 이런 식으로 하나씩 경고 신호를 보내주네요.

하지만 건강관리랍시고 해봐야 운동 좀 더 하고, 술은 좀 줄이는 정도 외에는 대체 뭘 어찌해야 할지 아는 게 없었습니다.

그나마 다행히도 담배는 20대 시절에 한 십 년 피우다 일찌감치 끊었으니 이제는 술만 좀 줄이면 체중도 빠지고 다시 건강해질 것이라 단순하게 생각했었지요.

큰 오산이었습니다. 술 먹는 횟수를 좀 줄이니 체중이 살짝 줄어들기는 했지만 그래 봤자 1~2kg 정도여서, 뭐 크게 달라진 것은 없었습니다.

어쨌든 생계 유지를 위해 돈벌이는 해야 했고, 당시 주 소득원이 강의와 자문, 심의 등 대면 활동을 해야 했으니 서울까지 왔다 갔다 교통에 소요되는 시간과 각종 모임, 행사에 참석하는 시간을 고려하면 평일에 운동하는 것은 생각하기 힘들었습니다.

평일에는 그저 모임 행사에서 음주량을 좀 줄이는 것 외에는 달리 건강관리 하는 방법을 몰랐습니다.

그러다 앞에서 쭉 서술한 바와 같이 여차여차하면서 비대면 사업으로 전면 전환하여 선택과 집중을 하게 되었고, 이때부터 시간 여유가 조금씩 생겨 책을 많이 읽게 되었습니다.

책을 매주 10권씩 빌려다 읽어 보니 이런저런 당뇨병, 올바른 식생활 등 생활 건강과 예방 의학에 관련된 책들도 엄청나게 많이 읽게 되었습니다.

제주 법인 사옥에서 근 수십 권에 이르는 당뇨와 대사증후군 관련된 책을 독파하면서 몰랐던 건강관리 지식을 새롭게 깨우치게 되었습니다.

그 결과 당뇨병 예방을 위해서는 체중 감량 우선 필요하고, 체중 감량을 위해서는 탄수화물에 함유된 당류 섭취를 줄여야 한다는 지식을 알게 되었습니다.

엄밀히 말하자면 탄수화물 자체를 줄인다는 게 아니라 탄수화물에 주로 함유된 당류 섭취를 제한해야 한다는 것인데, 이게 말이 쉽지, 일상 식단에서 당류만 쏙 빼놓고 탄수화물을 섭취한다는 게 현실적으로는 불가능했습니다.

예를 들자면 우리나라 국민의 주식인 쌀밥과 라면만 해도 그렇습니다. 쌀밥 한 공기, 라면 한 그릇에서 어떻게 탄수화물과 당류를 분리해서 섭취할 수 있겠습니까? 불가능하지요.

앞서 여러 사례를 통해 말씀드렸다시피 저는 실행력이 꽤 좋은 편입니다. 그래서 책을 통해 얻은 지식을 바로 실천에 적용했습니다.

크게 복잡한 것 없이 책에 쓰여 있던 그대로 3가지 공포의 백색 음식을 절대적으로 섭취 제한했습니다.

그 3가지 음식은 쌀과 밀가루 그리고 설탕입니다. 놀랍게도 그 효과는 엄청났습니다.

저는 단순히 혈당 수치만 낮추고자 했던 것이지, 특별히 다이어트 하고자 목표한 것도 아닌데 위 3가지 백색 음식만 섭취 제한했더니 한 달만에 5kg씩 쑥쑥 빠질 정도로 체중 감량 효과가 확연히 보였습니다.

그렇게 한두 달만에 체중 10여kg이 자연 감량되고 나니, 옷도 헐거워지며 슈트 핏도 더 좋아 보이고, 몸도 가벼워지는 느낌이라서 은근히 본격적인 다이어트 욕심이 났습니다.

이번 기회에 혈당을 낮추기 위한 당질 제한식 뿐만 아니라, 생활 건강 책에서 읽었던 간헐적 단식요법을 적용해 과거의 날렵했던 완전 정상 체중으로 한번 돌려보기로 생각했지요.

그래서 책에 쓰여 있던 간헐적 단식요법 중 16:8 방법을 적용해봤습니다. 16:8 방법이란, 쉽게 이야기하면 하루 중 16시간은 음료를 제외한 고형 음식물 섭취를 제한하고, 8시간 동안만 고형물 형태의 식사를 섭취하는 방법입니다.

처음에는 아침 공복감이 심해 힘들었지만, 며칠 견디니 할 만했습니다. 한두 달 적용하여 16:8 방법이 익숙해지니 이제는 위장이 줄어들었는지 조금만 먹어도 금방 포만감이 느껴지는 것 같았습니다.

그래서 그즈음 읽었던 스콧 니어링과 헬렌 니어링의『조화로운 삶』,『소박한 밥상』등의 책을 읽고, 16:8 방법 외에 추가로 일주일 중 하루~이틀은 1일 1식만 하는 간헐적 24시간 단식 방법도 추가로 적용했습니다.

그러니까 쉽게 정리하자면 매일 3끼씩 꼬박꼬박 챙겨서 매주 21끼 먹던 식사량이, 그 절반인 12끼로 대폭 줄어든 것입니다.

당연히 섭취량이 50% 줄어든 만큼 지방 연소량은 늘어나고 체중은 쫙 빠질 수밖에 없지요.

제주에서 30kg 감량 성공,
올레길 풍경은 덤

생활 건강과 예방의학 관련된 독서를 통해 제대로 된 지식을 습득하기 전에는, 사람은 무조건 하루에 꼭 세 끼를 꼬박꼬박 챙겨 먹어야만 건강한 것으로 배웠습니다.

또 탄수화물, 지방, 단백질 등 모든 음식을 가리지 않고 골고루 섭취해야 하며, 음식물은 남기지 않고 깨끗이 먹어야 한다고 배워왔습니다.

그런데 책을 읽고 제대로 된 지식을 습득해보니, 이 모두가 무지한 사람들의 헛소리였습니다.

아니 어찌 보면 식품회사 등 대기업의 후원을 받는 전문가의 감투를 쓴 홍보 인력의 식품회사 제품 간접광고인 것 같습니다.

극단적인 표현이지만은 대기업 식품회사 자본의 광고와 마케팅 전략에 대다수 인류가 놀아나고 있는 것이었지요. 그들은 인류가 돼지처럼 끊임없이 많이 먹어야 돈을 버니까요.

우선 먹는 식품 팔아서 돈 벌 수 있고, 많이 먹으면 각종 질병에도 걸리기 쉬우니 약품 팔아서 또 돈 벌 수 있으니 이 얼마나 돈이 되는 선순환 구조의 사업입니까.

식품회사나 다이어트에 대한 저의 생각은 여기까지만 쓰도록 하겠습니다. 제가 건강관리 전문가도 아니고, 이 책이 다이어트 책도 아니니 이후에는 실제 저의 경험담만 추려서 들려드리겠습니다.

거두절미하고 제가 최근 1년간 경험한 결과만 말씀드리자면, 성장기 어린이를 제외한 일반적인 성인이라면, 하루에 2끼만 먹어도 건강한 일상생활에 전혀 지장이 없습니다.

아니 오히려 하루 1끼만 먹어도 공복감만 좀 있을 뿐이지 일상생활에는 전혀 지장 없다는 것입니다. 저의 경험상 그렇습니다.

요즘 사회는 너무 많이 먹어 문제가 되는 것입니다. 제가 의학을 전공한 사람이 아니니 더 자세한 설명은 어렵지만, 최소한 저에게 문제가 되었던 당뇨병 증세와 관련해서는, 불필요한 영양분을 과도하게 섭취하여 체내에 영양이 과잉 축적되어 발생하는 병이라는 것을 확실히 깨우쳤습니다.

이후 현재까지도 저는 16:8 간헐적 단식 방법을 적용하여 1일 2식을 기본으로 하고 있습니다. 보통 저녁 7시부터 다음날 11시까지는 물, 와인, 맥주 등의 음료 외에 고형물은 섭취하지 않고, 오전 11시 넘어 첫 끼를, 그리고 저녁 5~6시 정도에 두 번째 끼니를 먹습니다.

그리고, 이 중 매주 하루~이틀 정도는 24시간 단식을 적용해 저녁 한 끼만 식사하고 있습니다.

또한, 저녁 식사는 푸짐히 잘 먹되, 되도록 두부, 채소 등 식물성 음식이 많이 함유되도록 하고 있습니다.

제가 생선회를 엄청 좋아하는데, 생선회도 매주 한두 번은 저녁 때 꼭 먹고는 있지만, 김치나 상추, 마늘 등의 식물성 음식을 많이 곁들여 먹으려 노력하고 있답니다.

점심에는 경우에 따라 다르지만, 제주에서 혼자 지낼 때에는 사과 1개로 끝낼 때도 있고, 땅콩과 호두 등 견과류 한 주먹으로 끝낼 때도 있으며, 송도 자택에서 있을 때에는 다른 가족들과 보조를 맞추어 일반적인 가정식 또는 맛집 외식을 하기도 합니다.

다만 집에서 가정식과 외식을 하더라도, 앞서 언급한 것처럼 기본적으로 3가지 백색 음식(쌀, 밀, 설탕)은 거의 섭취를 안 합니다.

가족과 같이 식사하는데 조미료가 일부 혼입되어 있는 것 정도는 그냥 먹지만, 쌀이나 밀가루 음식 대신 두부 또는 채소 등의 반찬 위주로 챙겨 먹고 있습니다.

간혹 우리 가족이나 지인들이 제가 요즘 이렇게 당질 제한식과 간헐적 단식하는 것에 대해서 건강을 우려해 걱정하시는 분이 있으신데, 제발 좀 책 좀 다양하게 읽어보실 것을 적극 권장해 드립니다.

책에 모든 진리가 쓰여있지요. 다만 진리는 해석하는 사람마다 다소 의견 차이가 날 수 있는데, 단순히 책 한두 권만 읽는 게 아니라 수십, 수백 권을 읽어 본다면 그 중 어느 해석이 더 신빙성이 있고 임상 결과로 입증되었는지를 알 수 있을 것입니다.

저는 이 글을 쓰고 있는 2023년 2월에는 체중이 1년 전에 비해 30kg 이상 감량되어 현재 약 84kg입니다.

군대 전역 이후 역대 최저 체중의 날렵한 몸매로 돌아왔으며, 앞으로도 이러한 식단을 유지해 80kg 이하까지 감량해서 저의 22살 리즈 시절의 몸매로 평생 유지할 생각입니다.

달리기하든 산에 오르든 운동할 때마다 느끼는데, 마흔 중반인 저의 지금 체력은 아마도 현역 군 복무 시절의 체력을 능가하면 능가했지 그보다 못하지는 않을 것 같습니다.

날씬하던 군 시절과 고도비만이었던 대면 활동 시절

건강 식단과 해안 달리기 등 운동으로 살 빠진 현재

프리랜서 기술사의 창조 인생

돌이켜 보면, 이렇게 건강을 되찾은 것도, 비대면 프리랜서 업무로 전향하면서 시간에 여유가 생겨 운동을 많이 하고 책을 많이 읽게 된 것이 주효했던 것 같습니다.

제주도 법인 사옥에 입주한 이후에는 경치 좋은 자연경관 덕분에 더욱더 즐겁고 신나게 올레길을 걷는 등 더 많이 운동하게 되었고, 카페테리아 춘대래에서 더 많은 책을 읽게 된 것이 부가적으로 큰 효과를 본 것이라 하겠습니다.

바야흐로 비대면 업무로 전향하여 제주도로 법인 사옥 이전한 것은, 저에게는 긍정적인 기폭제로 작용하여 115kg의 고도비만 뚱땡이였던 제 몸매를 80kg의 날렵한 리즈 시절로 되돌린 것이라 하겠습니다.

제주도에 매주 4도 3촌 생활하면서, 책을 많이 읽게 되니 지식이 늘어나고, 또한 주변 경관이 아름다우니 달리기나 걷기 운동을 많이 하게 되어 이 또한 선순환으로 저의 건강을 좋게 만들어주고 있습니다.

특히나 제주의 올레길은 정말 환상적으로 잘 꾸며져 있습니다. 이정표가 약 50~100m 간격으로 매달려 있어, 초행길도 길찾기가 엄청나게 쉽고 경치도 좋지만 구석구석 볼거리도 매우 많아 좋습니다.

그래서 매주 하루 정도는 짬을 내어 새벽 일찍부터 3~4시간씩 올레길을 코스별로 걸어보고 있는데, 2022년 9월부터 시작한 올레길이 반년 좀 넘은 2023년 2월 현재는 60% 정도 완주한 것 같습니다.

이런 식으로 매주 4도 3촌 하면서 주마다 하루 정도는 올레길 걸어 모든 코스를 완주하면, 다음은 제주도에 산재해 있는 오름 완주를 목표로 하고 있습니다.

매주 1군데씩 오름까지도 모두 완주하려면 한 10년 정도는 걸리지 않을까 싶네요.

뭐 나쁘지 않아요. 시간은 많으니. 시간에 여유가 있으니 마음에도 여유가 생기고, 마음에 여유가 있으니 건강도 더 좋아지는 것 같습니다.

제주 법인 사옥에서 매일 해안도로 1시간 달리기

프리랜서 기술사의 창조 인생

제주 법인 사옥에서 매주 올레길 3시간 걷기

에필로그

벌써 제 인생의 다섯 번째 책입니다. 그런데 서두에서 언급했듯이 아마도 이 책이 제 인생의 마지막 책이 될 것 같습니다.

이번 책은 별다른 주제나 목적을 가지고 집필하지 않았습니다. 그저 단순하게 제주도에 법인 사옥 마련해서 매주 4도 3촌 하며 잘 지내고 있는, 기술사 프리랜서로서의 저의 현재 일상을 가감 없이 글과 사진으로 정리해봤습니다.

저와 같이 기술 업무 분야에 종사하시는 많은 직장인 분들이 프리랜서 기술사로서의 저의 생각과 경험, 삶의 이야기들을 참조하여 본인의 인생 설계에 참조하신다면 그것만으로도 이 책의 집필 목적은 달성된 것이라 생각합니다.

다만 사람들이 모두 취향과 생각이 똑같을 수는 없는 노릇이니, 이 책은 참고만 하시고 본인이 추구하는 취향과 원하시는 방향으로 프리랜서의 삶을 계획하실 것을 추천하는 바입니다.

아무쪼록 지극히 사적인 생각과 글, 사진들을 마지막 페이지

프리랜서 기술사의 창조 인생

까지 정성스레 읽어주시어 다시 한번 감사드리며, 이만 이 책을 마치겠습니다.

책 집필을 마친 2023년 3월,
제주도 전원주택(법인사옥)에서

작가 박춘성 드림

네이버 블로그: 'https://blog.naver.com/2sakoo'
이메일: 2sakoo@naver.com